지은이 엘리어스 버튼 홈스Elias Burton Holmes
버튼 홈스는 19세기 후반에 태어난 미국의 여행가, 사진가 그리고 영화 감독이다. 그는 세계의 각기 다른 대륙에 있는 여러 국가들을 여행하였는데 비행기가 아직 발명되지 않았던 시기에 여행을 시작하였음에도 불구하고 전 세계를 여섯 번, 그리고 대양을 수십 번 왕래하였다. 그리고 사진을 편집한 슬라이드쇼와 활동 사진을 이용한 공연과 책을 통해 이 여행 경험을 많은 이들에게 전파하는 것에도 무척 힘을 쏟았다.

옮긴이 이진석
필자는 부산에서 태어나 경남고등학교를 졸업(28회)하고 서울대학교 사회교육과를 졸업, 동대학원 석, 박사학위를 받았고, 부산대학교 사범대학 일반사회교육과 교수로 근무하고 있다. 2003년부터 2005년까지는 학술진흥재단의 지원으로 '동남아시아의 한국 문화 확산 과정'을 연구하였고, 2006년에는 호주 뉴사우스웨일즈대학교에서 다문화 교육을 연구 주제로 한 방문교수로 있었다. 학문적 관심사는 사회과 교육 및 다문화 교육과 동남아 지역 연구 등인데, 이러한 연구의 토대로서 사회와 문화의 근본을 이루는 인간의 삶과 몸짓의 흔적들에 대해 관심이 높다. 이 책은 이러한 관심의 산물로서 비록 외국인의 눈에 비추어진 것이지만, 1900년대 격동기 우리 역사 속 조상들의 삶과 몸짓을 함께 확인하고 되새겨 보고자 한 것이다.

1901년 서울을 걷다

1901년 서울을 걷다

초판 1쇄 발행 | 2012년 5월 18일
초판 2쇄 발행 | 2023년 8월 1일

지은이　| 버튼 홈스
옮긴이　| 이진석

펴낸이　| 김선기
펴낸곳　| (주)푸른길
출판등록 | 1996년 4월 12일 제16-1292호
주소　　| 08377) 서울시 구로구 디지털로 33길 48 대륭포스트타워 7차 1008호
전화　　| 02-523-2907　팩스 | 02-523-2951
이메일　| purungilbook@naver.com
홈페이지 | www.purungil.co.kr

ISBN 978-89-6291-195-4　03910

버튼 홈스의 사진에 담긴 옛 서울, 서울 사람들

1901년 서울을 걷다

버튼 홈스 지음 이진석 옮김

옮긴이의 말

우리는 삶을 시간과 공간에서 떼어 내어 생각할 수 없다. 그런데 시간과 공간은 '그대로 그렇게' 있는 것이 아니라 '그대로인 것처럼' 느끼게 하면서 사라져 간다. 100년이란 시간은 얼마나 아득한가! 그런데 100년 전에도 사람들은 기쁨과 슬픔, 사랑과 증오 속에서 시간과 공간에 흔적들을 남기면서 살아왔다. 어느 날 문득 '사라져 가는 시간과 공간의 흔적들이 영원히 잊혀져 가는 것은 아닌가? 잊혀져 가서는 안 되는 게 아닌가?' 하는 생각이 들었다.

버튼 홈스는 미국의 유명한 여행가이자 사진작가이다. 그는 1901년 서울을 여행하면서 많은 귀중한 사진과 기록을 남겼다. 이방인의 눈으로 본 100년하고도 더 먼 서울의 풍물은 얼마나 낯설면서도 흥미로웠을까?

그 낯설고 흥미로움은 지금 우리에게도 그대로 전달되는 듯하다. 그러나 그가 여행하던 시기는 우리 근대사의 획을 그은 을미사변, 아관파천의 흔적들이 생생히 남아 있던 시기이다. 그래서 일본, 중국,

미국, 러시아 등 열강의 침탈에 스러져 가는 조선의 모습이 안쓰럽기
도 하고 화나기도 한다.

　너무 상투적인 말이지만 어제 없는 오늘과 내일이 어디 있으랴. 흘
러간 시간과 공간들의 의미를 되새겨 보는 것은 지금 우리가 해야 할
의무이자 책임이다.

　100년하고도 더 먼 날의 서울을 거닐면서, 그때의 생활상을 보고
느끼면서 당시 사람들과 대화하는 시간을 갖게 해 준 (주)푸른길의 김
선기 사장님, 꼼꼼하게 역사적 자료를 챙겨 가면서 편집해 주신 박은
정 님께 감사드린다. 아울러, 먼 옛날의 서울 거리와 풍물들, 사람들
에 둘러싸여 함께 이야기꽃을 피웠던 아내와 지은, 동훈, 승은 그리
고 어머니께도 사랑과 감사를 드린다.

2012년 새해를 맞아
금정산 자락을 바라보며

차례

일러두기

1. 이 책은 미국 시카고 대학의 사진학 교수이자 여행가였던 버튼 홈스가 쓴 여행기 *BURTON HOLMES TRAVELOGUES - With Illustrations from Photographs By the Author*(New York : The McClure company, 1908) 중 10권에 실린 "SEOUL, THE CAPITAL OF KOREA"를 완역한 것이다. 버튼 홈스의 이 여행기는 1901년 *The Burton Holmes Lectures*라는 이름으로 출간되었다가, 1908년 제명을 바꾸어 다시 출간된 것이다. 이후 1914년, 1917년, 1918년에 각각 개정판이 발행되었다. 여기서는 1908년의 판본을 기반으로 하되, 개정판에서 수정되거나 추가된 사항은 주석으로 덧붙였다.

2. 이 책의 사진 및 삽화는 기본적으로 원서에서 발췌한 것이나, 일부 *LE TOUR DU MONDE*(Librarie Hachette et Cie, 1889; 1904), *L'ILLUSTRATION*(29 MARS, 1902), *GOOD HEALTH*(APR, 1905) 중 "LIFE IN KOREA" 등에서 인용하였는데 이렇게 인용한 사진에는 출처를 명시하였다.

3. 원서에는 따로 장이 구분되어 있지 않으나 옮긴이가 주제별로 구분하여 제목을 붙였다. 또한 각 장 뒤에 달린 주석은 옮긴이가 단 것이다.

4. 본문에 등장하는 국명, 인물에 대한 호칭, 역사적 사실에 대한 서술 등은 지은이의 오해와 잘못된 인식을 담고 있는 것도 있으나 역사적 자료로서 가치가 있다고 판단하여 최대한 원문을 따랐으며, 옮긴이의 견해와는 무관하다.

박기호 씨와 그 가족들

외국인이 코리아 가정의 부녀자를 만나기는 정말 어렵다. 집안의 부녀자들을 남편의 친구에게 소개하는 것은 관습적으로 금지되어 있다. 당시 코리아 왕의 자문관으로 있던 그레이트하우스(Greathouse) 장군은 서울에서 눈에 띄던 신사였는데, 박기호 씨는 그의 통역관이었다. 박기호 씨는 배타적인 다른 동료들과는 달리 그러한 편견을 갖고 있지 않았다. 그래서 코리아의 가정 생활을 생생하게 묘사하는 사진을 얻을 수 있었다.

1

코리아로 가는 길

한국의 수도 서울

Seoul .... Capital of Korea

부산

　서울은 내가 지금까지 가 본 곳 중에서 가장 낯설고도 흥미로운 도시이다. 지금까지의 여행 중에서 코리아의 수도를 방문했던 것이 가장 재미있는 선택이었다. 보통 코리아를 갈 때에는 일본 증기선 나가사키 호를 이용하는데, 이 배의 기항지는 부산이다. 부산은 우리가 코리아라고 부르는(일본 사람들에게는 '조선'—'신선한 아침의 나라'로 알려져 있다) 반도의 남쪽 끝에 위치한, 한창 번성하고 있는 항구이다.

　코리아는 '대한제국'이라는 새로운 이름으로 불리게 되었는데, 이것은 코리아의 당시 황제 이희李熙[1]가 청일 전쟁의 결과 두 나라의 세력 다툼 속에서 자신을 독립 국가의 군주로 인식하게 되었기 때문이었다.

그는 원래 중국의 황제와 일본의 천황에 예속되어 있는 왕이었다.[2] 그러나 청일전쟁 이후 그는 코리아의 국명을 대한제국이라고 새롭게 선포하였으며 스스로 왕에서 황제로 즉위하였다. 그는 대일본의 수도인 도쿄나 중국의 수도인 베이징의 제국적 권위에 상응하게 서울을 통치하고자 하였다.

부산항은 나가사키로부터 하루 일정으로는 먼 거리에 있는데, 일본의 도시와 여러 면에서 비슷하다. 가옥, 상점 그리고 절들은 나가사키와 거의 같다. 부산 사람들은 천황 나라일본의 언어를 사용하고 일본식 옷차림을 하고 있다.[3] 일본인들은 300년 넘게 부산에 거주하

부산의 일본인 거주지

대한제국의 전 황제(고종)(J.H. 모리스 촬영)

제국 왕자 중의 한 사람

치푸를 떠나며

멀리서 본 치푸

1901년 서울을 걷다_버튼 홈스의 사진에 담긴 옛 서울, 서울 사람들고 있다. 1592년의 대침략임진왜란 이후로 그들은 아시아 대륙의 발판인 이곳을 결코 포기하지 않았다.

일본은 선견지명이 있는지, 정말 현명하게도 세상에 알려지지 않은 이 부산항을 극동해Far Eastern Sea의 주 항로 근처라는 이유로 블라디보스토크Vladivostok와 포트아서Port Arthur : 旅順[4]를 잇는 아시아 횡단 노선의 종착역으로 만들기 위해 철도를 건설하고 있다.[5]

그러나 우리는 일본을 경유하지 않고 중국을 통해서 코리아에 접근하였다. 베이징과 가까운 항구인 다구Taku : 太沽[6]에서 항해를 시작하여, 치푸Chi-Fu : 烟台[7]에서 배를 갈아탔다. 일본우선주식회사日本郵船株式會社의 증기선을 타고 페칠리 만Gulf of Pechili : 北直隷海灣[8] 입구를 가로질러 갔다. 왜냐하면 일본의 엔터프라이즈호는 코리아 해변에서 눈에

일본우선주식회사의 선원들

띄기 때문이었다.

깊고, 고요하고 잔잔한 바다 위에 가물거리는 많은 섬으로 이루어진 매혹적인 다도해를 지나면서 코리아의 주요 항구인 제물포를 향해 꾸불꾸불 나아갔다. 섬들 사이로 미끄러지듯이 나아가는데 어떤 섬들은 바위투성이고 황량하고 환상적이었다. 또 다른 섬들은 부드럽고 매혹적이며 화려하기도 하였다. 그러나 모든 섬들이 무인도처럼 보였다. 바다는 사막처럼 쓸쓸하다. 사람이나 배의 흔적도 없다. 그런데 지금 우리는 코리아의 가장 번성하고 중요한 항구에 한 시간 이내에 닿을 거리를 항해하고 있다.

1 고종 황제의 이름. 여행 당시인 1901년에는 고종이 황제였으나 이 판본이 발간된 1908년에는 이미 퇴위한 후였다.

2 저자가 우리나라가 독립 국가로서의 오랜 역사를 가진 국가였다는 것을 모르고, 당시 상황에서 유추한 것으로 생각된다.

3 일본인 거류지에 있는 일본인들을 지칭하는 것으로 생각된다. 조선은 일찍이 제포, 부산포, 염포 등 3개소에 왜관을 설치하여 일본인의 임의통행과 무역을 통제하고자 하였는데 임진왜란 이후 국교를 재개하면서 부산의 두모포 한 곳으로 축소되었고, 위치상의 문제로 1678년(숙종 4년) 현재의 용두산 주변에 해당하는 초량으로 옮겨졌다. 개항 이후 1877년 1월 동래부사와 일본 관리관 사이에 부산구거류지약조(釜山口居留地約條)를 체결하여 초량 왜관 지역은 일본인이 관리하면서 거주하는 전관거류지(專管居留地)로 전환되었다. 1880년 일본은 영사관을 정식으로 설치한 뒤 거류민의 자치 조직과 행정 조직을 만들어서 전관거류지로서의 면모를 완전히 갖추었다. 일본은 일본인 가구가 200여 호밖에 안 되던 때부터 장기적인 안목에서 도로망을 계획하고 가옥 구조를 규제하였으며, 1880년대에 이미 철도 부설을 위한 측량까지 모두 마쳐서 식민 통치의 교두보를 마련하였다. 부산은 개항 후 10년도 안 되는 짧은 기간 안에 일본의 도시처럼 변했고 소수의 일본인들에 의해서 지배되는 도시가 되었다.

4 포트아서는 뤼순(旅順) 항의 별칭이다. 랴오둥 반도 남단부에 위치한 뤼순은 제2차 세계 대전 이후 뤼다(旅大) 시에 편입되었으며 현재는 다렌(大連)에 속해 있다.

5 경부선을 일컫는 듯하다. 경부선은 1901년 기공하여 1904년에 완공하고 1905년 1월 1일 전 구간을 개통하였다. 1894년 청일전쟁이 발발하자, 일본은 군사 행동상의 이유로 서울~부산 간, 서울~인천 간의 군사 철도 부설을 주장하고, 그해 8월 20일 이른바 한일잠정합동조관(韓日暫定合同條款)을 통해 경부선과 경인선에 대한 철도 부설권을 잠정적으로 확보하였다. 하지만 삼국

간섭과 아관파천 때문에 일본의 영향력이 약해지자 경인선 부설권은 미국인 제임스 모스에게, 경의선 부설권은 프랑스 피브릴 회사에게 넘어갔다. 이에 위협을 느낀 일본은 1898년 이토 히로부미를 조선에 급파해 압력을 넣음으로써 그해 9월 8일 경부철도합동조약을 맺어 경부선에 대한 철도 부설권을 확립하였다.

6 다구는 현재 톈진 시 남동쪽 하이허 강변에 위치하였으며 베이징으로 향하는 관문이자 화북 지방을 지키는 지점으로서 19세기 열강의 침탈에 맞서기 위해 청이 요새를 세운 곳이다. 애로호 사건(1856년)을 빌미로 일어난 제2차 아편전쟁에서 1858년 영국과 프랑스 군대에 의해 점령당하였으나, 톈진 조약 체결 이후 청 정부에서 강경론이 우세해지면서 포대와 기병을 추가 배치하고 수비를 강화하여 접근하던 영국의 함선 4척을 침몰시키기도 하였다. 그러나 이 패배를 빌미로 1860년 영국과 프랑스의 연합군이 이전의 8배가 넘는 대규모 함대를 이끌고 하이허 강 연안을 침공하자 함락되고 만다. 다구를 함락시킨 연합군은 베이징까지 입성하였고, 이로 인해 톈진 조약의 이행과 추가 개항, 구룡 반도의 할양 등을 조건으로 하는 베이징 조약이 성립되었다.

7 옌타이(烟台)를 가리키는 말로 산동 반도의 북동쪽에 위치하고 있다. 19세기 톈진 조약으로 개항하여 조계지가 되었고 여기에 속한 즈푸(芝罘) 섬으로 인해 서양 열강에게 '치푸(Chi-Fu)'로 알려졌다.

8 페칠리 만(the Gulf of Pechili)은 산동 반도와 랴오둥 반도에 의해 황해와 나누어진 내해를 일컫는다. 현재는 보하이(渤海) 해라고 하며 20세기 초까지 수도인 베이징(北京) 앞에 있는 바다라는 의미에서 the Gulf of Chihli(直隸海灣 Zhílì Hǎiwān), 또는 the Gulf of Pechihli, 또는 Pechili(北直隸海灣 Běizhílì Hǎiwān)라고 불렸다.

2

제물포

멀리서 본 제물포

제물포의 전경을 보고 있는데, 우리를 마중하기 위해 위험을 무릅쓰고 온 코리아의 배—삼판선三板船이 눈에 들어왔다. 그 작은 배의 선원은 주저하지 않고 항해 중인 증기선에 선박을 바짝 대고 출입구 앞의 선체를 두드렸다. 크게 두드리고 나서는 두 사람이 로프를 잡고 원숭이처럼 이리저리 재주를 부리면서 갑판으로 올라왔다. 그러는 동안 다른 동료는 로프를 단단히 고정하였고 삼판선은 긴 견인줄로 우리 배의 항적航跡을 따라서 쾌활하게 끌려 왔다. 다른 뱃사람은 옮

매혹적인 다도해 모습

배에 오르는 사람들

겨 타려는 여행객들을 보호하기 위해 해적처럼 아슬아슬한 재주를 부리면서 우리 배의 뱃전에 작은 배를 갖다 대는 작업을 반복하였다. 우리들은 타고 온 증기선의 회사가 작은 증기 부속선을 제공하는지도 모르고 쓸데없이 그 삼판선을 빌렸다. 그리고 다른 여섯 척의 삼판선과 함께 해변으로 향했다. 이 삼판선들은 능숙한 선장들이 줄로 연결한 증기 부속선에 의해 예인되었는데, 이를 통해 그들은 썰물에 거슬러 항해하는 오래고 힘든 수고를 절약할 수 있었다. 그리하여 우리들은 왕립 일본 우편선의 깃발 아래 제물포로 가까이 갔다.

우리는 하얀 소형 보트의 관리(모든 입항하는 배에 승선하는 항구

작은 배에서

의 감시원)가 일본인이라는 것을 알았다. 해변에 있는 눈에 띄는 건물
들은 모두 일본 건물이었다. 일본 순양함이 바깥 계류장에 정박하고
있었다. 도시 근처의 부표에는 상선들이 일장기를 휘날리고 있었다.
그러나 부두에 있는 사람들은 복장, 말, 풍속 모두가 새로웠다. 코리
안과의 첫 만남은 부두에서 시작되었는데, 하역 인부들이 일본으로
수출하는 쌀자루를 거룻배에 싣고 있었다.

제물포는 이상적인 항구는 아니다. 제물포항은 꾸불꾸불하고 불안
정한 해협으로 이어져 있으며, 굉장히 빠른 조류 때문에 급류가 하루
두 번씩 이리저리로 휩쓸어 버리는 복잡한 다도해를 통과해야 한다.
이것이 항해를 대부분 불확실하게 만들어 버린다. 썰물 때에는 정크
선과 심지어 작은 섬들까지도 높고 매우 건조한 넓은 갯벌 위에 오도
가도 못한 채 버려지고 만다.

도시의 반은 유럽풍이고 반은 일본풍이다. 하잘것없고 덜 중요한

썰물 때

제물포 항구

토착 구역도 있다. 그러나 이것은 하역 항구로부터 멀리 떨어져 있어 처음에는 잘 눈치채기 힘들다. 중국인이 건설한 유럽식 호텔이 있었는데 우리들은 일본식 여관[1]을 더 선호하였다. 거기서는 일본에서처럼 다다미로 된 마루와 창호지로 된 벽으로 둘러싸인 방에서 6인치 15cm 높이의 상에 차려진 맛있는 소량의 저녁과 같은 세심한 서비스를 받을 수 있었다. 모든 시설물은 일본어로 되어 있었다. 다음날 아침 '지지 보이gigi boy'[2]라고 불리는 한 무리의 젊은이들이 우리 짐을 기차역으로 운반해 주기 위해 올 때까지, 우리들은 코리아에 있다는 것을 잊었다.

지지 보이는 명물이다. 그들은 등에 마치 신체의 한 부분인 양 보이

일본식 호텔

는 운반 틀지게을 지고 있었는데, 그 자신은 그 틀에 묻혀 잘 보이지 않
았다. 그들은 틀 위에 여러 가지 짐을 싣고 더러는 사람을 태우기도
한다. 작거나 가벼운 물건이라 하더라도 그 위에 싣고 가고자 한다.
왜냐하면 갑작스런 말다툼에 적절히 방어할 수 있도록 손을 자유롭
게 해야 한다고 생각하기 때문이다.

제물포 항구로부터 수도인 서울까지는 기차로 갔다. 선로는 약 25
마일약 40km이다.[3] 장비는 주로 미국산이었지만, 주식은 일본 회사가
소유하고 있었다. 그러나 승객은 의심할 바 없이 코리안들이다. 그들
대부분은 흰 옷과 버선을 신고 높고 검은 모자갓를 쓴 양반gentleman이
었다. 우리는 복잡하게 짜인 모자에 호기심을 느끼고 하나를 사서 한
가롭게 분해하며 살펴보았다. 이 승객들은 기차가 출발할 때의 혼잡

지지 보이

미국제 기차

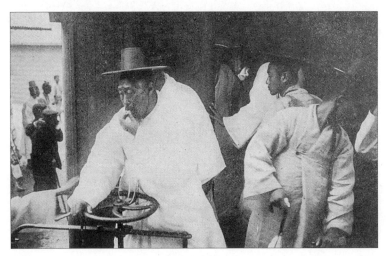

함께 탄 승객들

속에서도 깨끗한 희고 넓은 옷을 입고 신사답게 행동해서 우리의 감탄과 흥미를 샀다.

기차는 일등, 이등, 그리고 삼등칸으로 구성되어 있는데, 1연의 무개 화차가 앞에 있었고 볼드윈 기관차[4]가 기차를 이끌었다. 우리가 교외의 역[5]에 가까이 갔을 때, 언덕에 높게 자리 잡은 전형적인 미국 별장을 보았다. 역 표지판에 있는 '알렌데일Allendale'은 이 건물이 여러 해 동안 코리아 왕실에서 미국을 대표해 왔던 알렌 박사[6]의 여름 별장이라는 것을 말해 주고 있다.

알렌 박사의 별장

주석

1 여기서 버튼 홈스가 말하는 '중국인이 건설한 유럽식 호텔'은 청의 지계에 있던 스튜어드 호텔로 청나라 사람인 이태(怡泰)가 세운 것으로 여겨지며, 그 일행이 묵은 일본식 여관은 사진으로 미루어 볼 때 일본인 스이쓰 세이조(水津淸三)가 세운 스이쓰 여관이었던 것 같다. 스이쓰 여관은 최초의 일본인 민단 사무소(중구 관동 1가 14번지) 후문 자리에 위치하였다. 당시의 유명한 호텔로는 앞에서 말한 스튜어드 호텔 외에, 최초의 근대 숙박 시설로서 일본인이 세운 서양식 호텔인 대불 호텔이 있었는데 이곳의 고객이 주로 서양인들이었던 것과 달리 스이쓰 여관의 고객은 주로 일본인이었다. 스이쓰 여관은 대불 호텔과 더불어 쇠퇴했으며, 철거 시기는 정확하게 알 수 없지만, 1933년 당시에는 빈 터였다. 축대 위에 세워진 여관으로 일본인이 운영하던 여관이 대부분 3층이었던 데 비해 2층 건물이었다. (손장원, "개항기 인천의 숙박 시설", 『기호일보』 2007년 12월 25일자 참조)

2 지게를 진 소년이이라는 말에서 지게가 지지로 들려 gigi boy라고 하였을 것 같다.

3 제물포에서 서울까지를 잇는 기차 노선인 경인선은 1896년 3월 29일 미국인 J. R. 모스가 대한제국 정부로부터 부설권을 얻어, 1897년 3월 29일 인천 우각현(牛角峴)에서 공사에 착수하였으나 자금 부족으로 중단되었다. 그후 일본인이 경영하는 경인철도회사(京仁鐵道會社)가 부설권을 인수하여 1899년 4월부터 다시 공사를 시작, 그해 9월 18일 제물포(濟物浦 : 인천)~노량진(鷺梁津) 사이의 33.2km를 개통하였다. 1900년 7월 5일 한강철교가 준공되자, 같은 해 7월 8일 노량진~서울(당시의 서울역은 서대문으로 현재의 이화여고 자리) 사이가 개통되어 서울~인천이 완전 연결되었다.

4 여기서 볼드윈 기관차라는 것은 볼드윈 사의 프레리형 기관차를 이야기하는 듯하다. 프레리형 기관차는 1900년 한강철교 개통 등과 맞추어 도입한 것으로 미국의 볼드윈 사에서 제작하여 인천 공장에서 조립되었으며 본격적으로 운용된 것은 버튼 홈스가 서울에 방문했던 해로 여겨지는 1901년의 일이다.

탄수차가 따로 있지 않고 기관차에 석탄을 함께 싣는 탱크식 증기기관차였다.

5   호러스 알렌의 별장 근처에 있던 역은 우각동역으로 경인선 기공식이 거행된 곳이다. 인천~서울 간 철도인데 인천이나 서울이 아닌 우각동에서 기공식을 한 것은, 1년 이내 착공할 것이 명시된 계약 내용에 따라 1897년 3월 29일 이전에 착공을 해야 했지만, 최초 설계했던 인천역 위치의 철도 부지에서 토지 협상이 지연되고 우각동역만이 이미 역 위치가 확정되어 기공이 가능했기 때문이었다. 자금 부족으로 일본에게 경인선 철도 부설권이 넘어간 뒤 인천역에서 다시 한 번 기공식이 거행되었고 1906년 우각동역은 폐역되었다.

6   미국의 선교사이자 외교관. 동양 선교를 위해서 1884년(고종 21년) 서울의 미국 공사관 의사로 우리나라에 왔다. 갑신정변 때 부상한 민영익을 치료한 것이 인연이 되어 1885년 왕립 병원 광혜원이 설립되자 여기에서 의료 사업에 진력하였다. 주 워싱턴 한국 공사관 고문으로 전직되었다가 다시 선교 활동을 펴기 위해 1890년 7월 9일 코리아에 돌아와 미국 공사관 서기관이 되고 총영사 · 대리 공사 등을 역임하였다. 1905년 을사조약이 체결된 뒤 가쓰라–태프트 밀약에 반대하다가 미국 정부에 의해 본국으로 강제 송환되었다고 하며 이후로는 의사 생활을 하면서 남은 생애를 보냈다.

3

서울 도착

시골 사람들
출처 : E.E. ADAMS, "LiFE IN KOREA", *GOOD HEALTH*(APR, 1903)

교외 역

서울로 가면서 지나치는 시골 풍경은 매력적이지 못했다. 산은 벌거숭이였고, 골짜기는 경작되지 않았으며 길가에 있는 촌락들은 장래성이 없어 보였다. 그러나 우리가 목적지에 가까이 도달하자 토지는 푸른빛을 더욱 띠고, 스카이라인은 코리아의 수도를 둘러싼 화강암 산꼭대기를 배경으로 더욱 높아져 갔다. 서울의 기차역은 도시 외곽에 있다.[1] 저 멀리에는 성벽 내의 인구와 거의 같은 숫자가 모여 사는 초가집으로 된 마을이 늘어서 있다. 서울과 서울 근교의 인구 조사에서 총인구는 약 30만 명으로 나타난다. 300만 명의 이상한 사람들이 낯선 옷을 입고 우리와는 판이하게 다른 생각과 관습을 가지고 살아간다는 것이 호기심을 불러일으킨다.

코리아의 수도 이름을 발음하는 방법에 대해 한마디 한다고 해도 잘못된 것은 아닐 것이다. 이것은 다양하게 잘못 발음되고 있다. 영국 여행자들은 '소을'로 발음하여 귀에 거슬린다. 프랑스인들은 '세울'로 말한다. 미국인들은 궁지에 몰릴 때에는 '수울'로 절충하여 발음하지만, 보통은 '코리아 최대의 도시'로 언급한다. 그리고 '씨울'이라는 발음도 알려져 있다.

외국인 거주자들에게 물어보면 오랜 정주자들 각자 자신만의 특별한 발음을 갖고 있다는 것을 알게 되는데, 이 발음은 독특하고 재미있는 지역 간행물, 즉 이상한 나라에 대한 진기한 정보 모음집인 『코리아 리뷰Korea Review』(이전의 『리포지터리Repository』)[2]에 기고된 기사들로 확인할 수 있다.

우리가 유일한 도시 서울의 기차역에 도착하여 기차에서 내리자, 길고 헐렁한 흰 겉옷을 입은 젊은이가 영어로 말을 걸어 온다. 그리

서울 철도역

고 다음과 같은 내용이 담긴 카드를 건네준다.

"스테이션Station 호텔, 훌륭한 숙박 시설, 적절한 가격, 요란한 군대
행진 나팔 소리에서 멉니다."

머리를 길게 땋고, 설명한다고 크게 외치는 소리가 거슬리기는 했
지만 상냥하던 청년을 따라 스테이션 호텔³로 갔다. 기차역에서 몇
걸음 떨어지지 않은 호텔은 작은 한옥들로 이어 지어진 아주 작은 여
관이었다. 호텔 주인 엠벌리Emberly 씨 부부는 영국 출신인데 이전에

서울에 도착하여

스테이션 호텔

아늑한 숙소

는 중국 선교사였다. 호텔은 아주 작고 아늑한 가정집 같았다. 우리
는 엠벌리 부인의 어머니와 같은 보살핌 아래 코리아에서 식사와 주
거 문제를 가뿐하게 해결할 수 있었다. 한편 엠벌리 씨는 코리아의
언어와 관습에 대해 알고 있었고, 코리안과 외국인 등 다양한 사람들
과 교류를 갖고 있어서 구체적인 예와 설명을 요구하는 우리들에게
많은 도움이 되었다. 심지어 엠벌리 부부의 아이들도 코리안 유모와
친구들과 함께 사진의 소재를 풍부하게 제공해 주었다. 한번은 '영-
한 특급Anglo-Korean Express'의 사진을 촬영하는데, 이것을 타고 정원
을 가로질러 오며 방향을 틀다가 그루터기에 부딪치는 큰 낭패를 당
했다. 그 바람에 타고 있던 사람들이 흙바닥에 나뒹굴고 말았다.

영-한 특급(Anglo-Korean Express)

1 당시 경인선의 종착역은 서대문에 있었다. 여기에 나오는 경인선의 종착역은 지금의 서울역이 있는 남대문 근방이 아닌 서대문에 있었던 경성역을 말한다. 1900년 7월 한강철교의 개통이 이루어지자 노량진까지만 다니던 경인선이 한강 이북까지 연장되면서 현재의 이화여고 부근에 경성역을 개통하고 경인선의 기점으로 삼은 것이다. 1905년에는 경부선이 개통되면서 경부선과 경인선 두 노선의 기점역이 되었으나 곧 서울의 터미널을 정비한다는 명분으로 1919년 폐역된 뒤 남대문역에 통합되었다.

2 여기서 말하는 『리포지터리』, 즉 『코리안 리포지터리』는 미국 감리교 출판사인 삼문출판사에서 발행되었다. 우리나라에서 편집되고 인쇄된 첫 영어 잡지로, 미국 감리회 선교사였던 올링거(F. Ohlinger) 부처가 1892년 1월에 창간하였다. 1년 후 올링거 부처의 귀국으로 휴간되었다가 1895년 1월에 속간하였는데, 이때의 발행인은 아펜젤러(H.G. Appenzeller)와 존스(G.H. Jones)였고, 헐버트(H.B. Hulbert)가 부편집인으로 편집을 맡았다. 필진은 언더우드와 같은 외국인 선교사와 주한 미국 공사 알렌 등이었다. 선교 활동을 돕기 위한 목적으로 창간되었고, 40페이지 내외의 작은 잡지였지만 우리나라의 정치적 기사나 조선의 불교 재흥, 조상 숭배와 같은 문화적 기사들을 게재하였기 때문에 당시의 우리나라 사정을 연구하는 데는 귀중한 자료가 된다. 이 잡지는 1898년 12월까지 월간으로 발행된 후, 1899년부터는 체재를 바꾸어 6월까지 주간으로 발행되다가 중단되었다. 이 잡지의 부편집인이자 필자였던 헐버트는 잡지의 폐간 후 1901년부터 1906년까지 『코리아 리뷰(The Korea Review)』를 발행하였는데 체재와 내용면에서 『코리안 리포지터리』와 비슷하였다. (코리아학중앙연구원, "코리안 리포지터리", 『한국민족문화대백과』 참조)

3 경인 철도가 부설되면서 서울 지역에서는 전에 없던 서양식 호텔들이 하나씩 등장하기 시작하였다. 그 가운데 하나가 바로 버튼 홈스가 묵었던 스테이션 호텔이었다. 이 호텔은 서대문의 경인선 종착역 옆에 있어 '스테이션 호텔(역전 호텔)'이라고 하였고, 달리 '정거장 여관'이라고 부르기도 하였다. 경인 철도를 거쳐 제물포에서 곧장 서울로 들어오는 외국인 탑승객들이 당연히 이

호텔의 주요한 고객이 되었다. 이곳은 또한 1899년 초파일에 개통이 이루어진 청량리~서대문 구간의 전철 종착점인 경교 부근에 있어서, 여러모로 교통상의 이점을 자랑하는 위치이기도 하였다. 『코리아 리뷰』의 1901년 4월호에 개업 소식이 실린 것을 보았을 때 버튼 홈스가 묵었던 1901년 당시는 스테이션 호텔이 막 개업한 때였던 것으로 여겨진다. 한편 스테이션 호텔의 주인 엠벌리(W. H. Emberley: 따라서 버튼 홈스가 'Emberly'라고 표기한 것은 착오이다)는 『독립신문』이 정리될 때 이것을 최후로 인수하여 1899년 독립신문사의 사장으로 취임했던 인물이다. 그는 이에 앞서 1898년 6월부터 삼문출판사의 인쇄 감독을 맡기도 하였다. 이 호텔은 그 직후 서양식 건물로 신축되었다가 그랜드 호텔이라는 이름을 거쳐 프랑스 사람 마르텡(L. Martin, 馬田)이 인수하면서 1905년 말부터 애스터 하우스(Astor House)라는 이름으로 바뀌었다. (한국콘텐츠진흥원, "스테이션 호텔(애스터 하우스)", 구한말 외국인 공간 정동, http://jungdong.culturecontent.com/main/view.asp?seq=cp0710a00174 참조)

4

서울의 낯선 광경들

코리아의 자동 삽(STEAM SHOVEL)

도시를 산책하기 시작하자, 발걸음을 돌릴 때마다 코리아의 이상한 관습과 생활 방식을 볼 수 있었다. 호텔 근처에서 길에 구멍을 파는 일꾼들을 발견하였는데 9명이 오직 삽 한 자루만 갖고 있었다. 그리고 모두가 이 한 자루의 삽을 함께 조작하느라고 끙끙거렸다. 한 사람이 삽을 땅에 깊이 박고 나머지 8명의 동료들이 노동요를 부르면서 삽에 연결된 줄을 확 잡아당기면, 흙덩이는 상당히 먼 거리로 떨어진다. 코리아의 이 조잡한 고안물이 흙을 흩뿌리고 있는 지점에서 몇 걸음 되지 않는 곳에, 미국인 측량 기사가 최근 미국 회사에서 하청을 맡게 된 급수장과 수도관의 설계 시스템에 대한 사전 준비 작업으로 최신 경위의를 가지고 수평을 잡으면서 측량을 하고 있었다.[1] 측량 기구의 관측선을 따라가자 서울에 들어가는 입구의 하나인 서대문에 이르는 거리가 나왔다.

전차의 가공선과 전차는 중세풍의 아치를 통과하고 있고, 아치 너머로 전신과 전화선이 이어져 있다. 근대 기업이라는 거미가 이 잠자는 동양의 거대 도시에 철로 된 거미줄을 치고 있는 중이었다. 그러나 쨍그랑쨍그랑 울리면서 덜커덩거리는 전차가 문을 통과하여 거만하게 돌진하는 한편으로는 관료가 타는 차가마가 조용히 그리고 천천히 위엄을 부리며 운반된다. 이것들은 전기의 출현에도 불구하고 서울, 이 기묘한 도시에 중세의 생활 풍속과 방식이 아직도 지속되고 있음을 말해 준다. 그 대조는 정말로 극적이다.

평범한 20세기 전차는 명나라의 황제가 베이징에서 중국과 속국의 의복 스타일을 규정했을 때 유행하던 옷을 입은 환상적인 승객들로 가득 차 있다. 만주족 정복자들이 명나라 정치 제도를 타파하고 수많

은 중국인들에게 앞이마를 밀고 뒷머리를 뱀같이 땋아 손질하도록
강요하였으나 정복의 물결이 봉신封臣이었던 코리아의 왕국에 이르렀
을 때에는 그 완고한 정신이 완화되어 코리안의 머리 땋기 관습이 존
속할 수 있었다. 물이나 공기가 통하지 않는 도료로 코팅을 한 옷을
입은풀을 먹인 한복 코리아 신사양반는 외관상 1644년에 와 있는 듯한 착
각을 불러일으킨다.

　거리에서 여성들은 상대적으로 눈에 띄지 않았다. 그들 대부분은
상의처럼 입는 것이 아니라 머리에 걸치기만 한 채 턱 아래로 모아 쥐
어 얼굴을 감추는 윤기 나는 녹색의 상의를 덮어 쓰고 있었다. 마치

미국인 측량 기사

서대문과 전차

회교국 여성들이 천으로 몸을 두르고 베일을 하는 것과 같았다. 흰 끝단과 텅 빈 채 아래로 드리워진 소매, 반면에 길고 붉은 리본은 이 인상적인 옷차림에 화려함을 더하였다. 가끔은 접어서 머리 위에 모자처럼 쓴다. 그러나 이 상의는 여성만의 것이 아니라고 생각된다. 비록 혼인한 부인이 사용하는 것이 일반적이긴 하지만, 사실 이것은 남편의 전투 복장으로서 평상시에는 충실한 아내가 입고 비상시에는 전투하려 달려가는 씩씩한 남편에게 재빨리 던져 주어야 하기 때문에, 평범하게 상의를 입는 방식으로 입지 못하고 걸쳐 쓰는 것이라는 말도 있다.[2] 붉은 리본은 흠뻑 젖은 칼에서 닦아 낸 적의 피로 물들인 것처럼 보인다.

관료(양반)의 이동 수단

최근의 패션

코리아의 여인

하층 계급의 부인들은 보통 아이들에 너무나 많이 얽매여 있어서 전통적인 녹색 옷을 쓰지 않는다. 그들은 그 불쌍한 머리에 상처가 나는 것도 개의치 않고 별다른 노력을 기울이지 않은 채 그냥 짐을 이고 다닌다. 왜냐하면 거의 모든 여성의 정수리에는 머리카락으로 만들어진 자연산 보호대가 있기 때문이다. 몇 세대 전의 여성 조상들 중에는 놀랍게도 머리카락을 상자 크기만 하게 땋아 올린 경우도 있었다. 다행히도 코리안의 머리카락 색은 동일하다. 그렇지 않았다면 이렇게 땋아 올린 머리는, 이 놀랄 만한 광경의 땅에서 색색가지로 대조를 이루며 눈을 어지럽혔을 것이다.

우리는 전차를 타고 도시를 횡단하였는데, 이 여행에서 '끊임없는 가난'을 확인할 수 있었다. 전차 승객은 표를 확보할 수 있는 역에서만 차를 타게 되어 있었다. 왜냐하면 코리아의 차장들은 현금 운임을 받는 것이 허락되지 않기 때문이다. 차장들이 운임으로 받은 코리아의 백동전을 중간에 가로채는 일이 곧잘 발생하자, 관리자는 단일한

머리에 항아리를 이고 가는 여인들

50전 천공 승차표 제도를 도입하였다. 모든 서울 사람들은 이것을 알고 있어, 대부분 노란 전차표를 갖고 있었다.

그러나 우리는 이러한 현지 사정을 알지 못한 채 두 역 사이의 도중에서 전차를 불러 세웠다. 운전수는 정중하게 그의 차를 멈추었다. 유럽식 제복을 입은 차장이 정중하게 인사하면서 벨을 울리기 전에 더듬거리며 영어로 물었다. "티켓 있습니다. 젠틀맨Ticket have got, gentleman?" 우리도 똑같은 동양식 영어로 대답하였다. "표 아니 가졌습니다Ticket no have got." "표 가져야만 합니다Ticket must have." 남자가 대꾸했다. "표 기꺼이 살 겁니다Ticket gladly will buy." 우리가 대답하자

머리카락을 땋아 만든 쿠션

전차역

작은 남자는 마지막으로 애써 말을 이었다. "돈 받는 것 나의 힘 아닙니다. 표 꼭 가져야 합니다Money to receive out of my power is. Ticket must have."

그러는 동안 승객들이 참을 수 없게 되었다. 우리는 타협안을 꺼냈다. "그러나 여기 돈이 있습니다. 요금의 4배입니다. 이것 받고 운행합시다But here is money, four times the farl take it, and move on." 슬프게도, 이 소심하고 작은 사내는 다음과 같이 대답할 뿐이었다. "나의 권한 밖 돈 받는 것, 표를 아니 가졌으면 아무것도 할 수 없어요, 제발 가주세요Out of my power money to receive, no can do if ticket no have got, please go

전차에 오르는 사람들

away." 그의 대답이 너무 가련하여, 우리는 차에서 내렸다.

"표를 살 수 있는 곳을 압니까Do you know where we can buy tickets?" 마지막으로 묻자, 그는 도움 안 되는 웃음을 짓고, 손은 종을 치는 끈 위에 올려놓은 채 우리를 바라보았다. "예, 나는 압니다, 그러나 말하기가 너무 어렵습니다Yes I know, but it is too difficult to say."

주석

1 1903년 12월 미국인 콜브란(H. Colebran)과 보스트위크(H.R. Bostowick)가 대한 제국 정부로부터 상수도 부설권을 특허받았다. 그들은 그것을 1905년 8월 영국계의 조선수도회사(The Korea Water Works Co.)에 양도하였다. 조선수도회사가 1906년 8월 뚝섬에 완속 여과지 정수 시설을 착공하고, 1908년 8월에 완성함으로써 서울은 처음으로 현대식 상수도를 갖게 되었다. 아마도 부설권을 얻기 전부터 측량 작업을 하고 있었던 것 같다.

2 이 이야기는 저자가 근거가 없는 이야기를 듣고 기술한 내용으로 보인다.

5

박기호 씨

박기호 씨

호텔로 돌아왔을 때, 우리의 가이드이자 통역가 그리고 친구가 될 사람을 만나게 되었다. 그는 이후 우리와 함께 하면서 우리를 낯설고 소원하게 만들었던 언어의 장벽을 극복하는 데 도움을 주었다. 박기호 씨는 내가 이제까지 고용했고 또 앞으로 고용할 사람 중 가장 멋진 안내인임에 틀림없었다. 그는 카메라를 향하면 미소를 짓기까지 하는 옷 잘 입는 가이드였다. 그는 왕의 법률 고문이었던 고故 그레이트 하우스[1]의 주요 통역관이었기 때문에 영어 실력이 뛰어나, 알기 쉽게 말을 전해 주었다. 우리는 박 씨와 함께 있게 된 것이 기뻤다. 우리의 무례함과 몰취미한 평상복 때문에 좀 부끄럽기는 했지만 말이다. 그는 깨끗하게 세탁하여 다듬이질된 아주 세련된 옷차림을 하고 있었

웃는 박기호 씨

고, 말총과 잘게 쪼갠 대나무로 만들어 25~30달러나 나가는 값비싼 고급 모자를 쓰고 있었다.

그의 치아는 모든 코리아의 양반들처럼 완벽하다. 모든 코리아 국민은 훌륭한 치아를 가졌다. 부자와 가난한 사람의 미소는 똑같이 모양이 좋은 순백색 상아의 멋진 배열을 보여 준다. 이 모든 것의 비결은 바로 소금이다. 칫솔도 사용하지 않고 치열 교정도 하지 않지만 매일 소금을 묻힌 손가락으로 이빨을 문지르고 잇몸을 문지른다. 박씨의 가족은 아내와 두 아이, 장모, 하녀로 구성되어 있다. 우리는 그에게 하루에 37.5센트를 주겠다고 제안했다. 그는 우리가 제시한 삯을 그대로 받아들였다. 한국에서 오래 살았던 다른 사람들은 그 금액

다듬이질 하고 있는 모습

출처: Daniel L. Gifford, "Every-Day life in Korea"(1898); E. E. ADAMS, "LIFE IN KOREA", *GOOD HEALTH*(APR, 1905)에서 재인용

박 씨 집에서

이 터무니 없이 비싸다고 했지만, 우리는 사치스런 미국인 방식에 따라 불평 없이 품삯을 지불하였다. 그의 도움은 그 비용의 10배 이상 가치가 있었다.

박 씨의 부인은 모든 아시아 부인들과 같이 차분한 표정과 온화하고 겸손한 매너를 가졌다. 또한 예의바르고 순종적이며 아름다운 코리아 여성의 전형이었다. 코리아 부인들이 가장 중요하게 여기고 시간을 많이 할애하는 것은 남편의 우아한 옷을 세탁하는 일이다. 다루기 힘든 망사 같은 옷감은 양반의 패션에서 영향을 받았는데, 쉽게 다림질되지 않는다. 대신에 한 쌍의 나무 막대다듬이로 두드려 펴는데, 그 과정에서 옷은 매우 훌륭한 고유의 광채를 내게 된다. 나무 막대로 옷을 두드릴 때 나는 고유의 음악은 서울의 특징적인 소리 중 하나이다. 하루 종일 도시의 모든 곳에서, 수백 명의 부인들이 나무로 된 다림질 막대기로 연주하는 실로폰 래그타임² 음악이 통행인을 맞이한다.

박 씨가 우리들에게 그의 행복하고 작은 가정을 보여 줄 때 만족스런 미소를 띤 것은 이상한 일이 아니다. 아내를 낯선 사람이나 심지어 자신의 친구에게조차 거의 보여 주지 않는 다른 남편들의 편견이나 믿음을 그가 함께 나누고 있었다면, 이렇게 공개하려고 하지는 않았을 것이다.

주석

1 그레이트하우스(Clarence Ridgeby Greathouse)는 켄터키 출신으로 1890년 내무협판에 임명되었으며, 우정국 총판직도 겸하였다. 1896년에는 고종의 법률 외교 고문으로 외국과 분쟁을 담당하였고, 각종 조약의 협상 및 체결과 한국 정부의 입장을 대변한 인물이다. 고종이 한때 궁을 지키는 근위병까지 믿을 수가 없어서 그레이트하우스를 시켜 중국 상해에서 외국인 30명을 용병으로 모집한 사례도 있을 정도로 고종의 신임이 각별한 인물이었다. 그는 법관 양성소 교수로서 재직하면서, 근대식 재판에 경험이 없는 한국 법관들에게 법률 절차를 알려 주고, 재판이 효율적으로 진행되도록 지도하여 우리나라 사법의 근대화에 일조하기도 하였다. 1899년 한국에서 별세하여 양화진 외국인 묘역에 묻혀 있다.

2 빠른 박자로 당김음을 많이 사용한 곡이다.

6

서울 관광 – 종각, 파고다 탑

종각

독특하고 예술적인 유적

우리는 드디어 박 씨와 함께 서울 구경을 나섰다. 처음 본 것은 종로에 있는 큰 종이었다. 이것은 종각의 창틀 사이로 응시해야 볼 수 있었는데 거의 종소리를 듣지 못했다. 이전에는 도시 문을 열고 닫는 신호로 종을 울렸다. '꽝' 울리는 종소리는 한때 거대 도시의 하루 생활을 규제하고 명령하는 소리로 여겨졌다. 그러나 지금은 전차가 멈추는 시각까지, 그리고 밤마다 다니는 '올빼미 차' 때문에 대문을 닫을 수 없다. 확실하지는 않지만 어디나 그렇듯이 이 경우에도, 넌더리가 난 종은 분개하여 침묵 속에 빠져 버렸고 새로운 전차 조합에서 도입한 전차들로 인해 생긴 골칫거리들이 도시를 뒤덮게 되었다.[1]

또 다른 구경거리는 불교 유물인데, 각 면에 호기심을 끄는 형상들

소녀의 애완동물

이 부조로 조각된 화려한 대리석 불탑이다. 이것은 옛날에 중국 황제가 코리아의 왕과 결혼한 딸에게 선물한 것이었다.[2] 박 씨는 오래된 일이라 어떤 사람도 이 일에 대해 잘 모른다고 말해 주었다. 그러나 300년 전에 서울로 진주해 왔던 일본 침략자들이 전리품으로 이것을 운반하고자 하였다는 것은 널리 알려진 일이다. 그들은 맨 꼭대기 단을 떼어 내었다. 그러나 나머지는 기단 근처에 내버려 두고 가져가기를 포기했다. 근처에는 비석을 받치고 있는 뚱뚱한 거북 모양의 또 다른 이상한 돌이 있다.[3] 이 불탑과 거북은 여러 해 동안 빈 터의 좁은 오솔길 미로 속에 감추어져 있었다. 최근 이 터가 공원용 용지로 계획되어 정돈되면서[4] 이전에는 오랫동안 알려지지 않았던 이 대리석 유물들이 드디어 관심을 끌게 되었으니, 서울의 근대화는 불가피한 일이 분명하다.

불탑

주석

1 전차 개통 직전의 1월에는 약 12m의 송전선 절도 사건이 일어나 그 범인으로 지목된 두 사람이 재판도 없이 참형을 받았고, 개통 1주일 뒤에는 탑골공원 앞에서 5살짜리 어린이가 전차에 치여 죽자 성난 군중이 전차 2대를 불태운 일도 있었다. 특히, 이 사건으로 일본인 운전수들은 호신용 권총의 휴대와 순경의 동승, 그리고 만약의 사태에 대한 유족 보상 보장 등을 걸고 파업을 한 끝에 귀국해 버렸다.

2 저자가 잘못 안 것이다. 여기서 말하는 불교 유물들은 원각사의 것인데, 원각사는 지금의 탑골공원 자리에 있었던 절로 조선 세조 11년(1465년)에 창건하였다. 조선 시대의 숭유 억불 정책 속에서도 중요한 사찰로 보호되어 오다가 1504년 연산군이 이 절을 '연방원(聯芳院)'이라는 이름의 기생집으로 만들어 승려들을 내보냄으로써 없어지게 되었다. 원각사지 10층 석탑은 효령 대군이 회암사 사리탑에서 나눠 온 사리를 담은 사리탑으로 고려 시대의 경천사지 10층 석탑과 매우 비슷하여 고려 때 창건되었다는 설도 있었으나, 탑의 윗부분에서 세조 13년(1467년)에 만들어졌다는 기록이 발견되어 사실무근임이 밝혀졌다. 저자가 말한 대로 예전부터 분해된 채 내버려져 있었는데, 사라진 상륜부를 제하고 1947년 다시 복원하였다.

3 대원각사비를 말한다. 현재 비문은 마모되었으나 『속동문선』에 수록되어 있다고 한다. 앞면의 비문은 김수온(金守溫)·성임(成任), 뒷면의 추기(追記)는 서거정(徐居正)·정난종(鄭蘭宗)이 썼다. 원각사의 내력에 대한 내용을 담았다.

4 저자가 말하는 공원은 현재의 탑골공원이다. 원각사가 연산군에 의해 폐사된 후 폐허로 방치되어 있다가, 1896년 총세무사, 탁지부 고문으로 일하던 영국인 브라운이 고종의 명을 받아 서양식 공원으로 만들었다고 한다.

7

서울 관광 — 궁궐

황궁 입구

산성

서울의 가장 큰 구경거리는 베이징에 있는 자금성의 수수한 복사품인 황궁이다. 입구의 대로는 길고 넓으며 여러 정부 부처가 있는 낮은 건물들이 양옆으로 도열해 있다. 그 배경은 더욱 인상적인데, 지그재그로 올라가는 산성의 각 망루에서부터 긴 꽃 줄 같은 벽돌 석조 건물이 늘어서 있다.

　　황궁의 대문은 한정적으로 닫혀 있다. 궁은 불행한 장소, 비극의 현장이라는 이유로 버려졌다. 황제가 경내로 발을 들여놓지 않는 것은 이해할 만하다. 왜냐하면 그가 이 궁에 체류했던 몇 해는 정신적 고통과 폭력과 테러로 점철되어 있었기 때문이다. 대문 앞에는 사납게 이빨을 드러낸 사자해태가 큰 불과 사악한 영향, 그리고 모든 종류의 불행을 막기 위해 서 있다. 그러나 사자의 찡그린 얼굴은 대문과 망루의 기와지붕에 줄지어 앉은 작은 형상들의 찡그린 얼굴처럼 무용

황궁 대문의 감시자

궁궐 담장

궁궐

지물이었다.

궁궐 지붕 어디에나 보이는 자기로 만든 작은 원숭이와 돼지와 귀신들은 '영적 허수아비'로 사용된다. 기이한 모습으로 혐오감을 주기도 하는데, 사람들은 익살스럽고 작은 보초들이 지붕 위에 앉아 있음으로써 그 아래로 달갑지 않은 귀신들이 자리 잡지 못하게 된다고 믿는다. 우리는 황제의 알현실근정전 지붕에서도 용마루에서 미끄러져 내려오는 꼬마 장식들을 발견했다. 그러나 그것들이 권력을 보호해

버려진 궁전

준다는 믿음은 코리아 군주의 이 화려한 집에서 발생한 사건에 의해 무참히도 흔들려야만 했다. 우리는 이 웅대하고 화려한 홀에서 텅 빈 황제의 옥좌를 바라볼 때, 이 불행한 국가의 역사에 오점을 남긴 분쟁과 비극을 떠올리게 된다. 이 나라는 거의 선사 시대에 가까운 희미한 과거에 조상 중의 한 사람이 한 맹세 때문에 중국에 예속당해 왔으며, 약간 신화적인 이야기이긴 하지만 기원전 202년 일본 황후神功皇后에 의해 정복당하고 또 1592년 히데요시의 침략으로 다시 한 번

근정전

일본에 지배당했다.[1]

그리고 1894년, 이 불운한 왕은 남부 지방에 일어난 조그만 반란동학 혁명을 진압하기 위해 군대를 파견할 권리를 주장하며 다투는 두 나라 사이에 끼인 자신을 발견하게 되었다. 중국은 이전에 맺은 협정에 따라 군대 파견을 일본에 알릴 의무가 있었지만 일본에 미리 알리지 않고 군대를 파견하였다. 현대적인 증기선과 잘 훈련된 군대를 자랑하는 일본은 새로운 무기를 시험해 보고자 하였는데, 이를 통해 마침 기회를 잡았고 한반도에서 놀라울 만큼 효과적으로 무력을 사용하였다. 중국이 급작스럽게 코리아에 파견한 군대는 평양에서 참패하였으며, 그 해군은 얄루 강압록강에서 절멸하였다. 포트아서와 웨이하이웨이의 현대 요새는 점령되었다. 이것은 일본이 재빠르게 승리한 전쟁청일전쟁의 이야기이다.

청일전쟁의 해전
출처 : *BLACK AND WHITE*(August 4, 1895)

황제의 옥좌

궁궐 정원에서

연못

서울 궁궐 정원의 연못 사이에서 지내던 왕족들은, 자신들이 중국
뿐만 아니라 중국의 권리를 임의로 부인하는 일본에도 역시 예속되
지 않는다는 것을 알게 되었다. 그러나 일본은 봉건적 권리의 그림자
로 지배하는 대신에 군사를 통해 실질적으로 점령했다.

　일본은 자국에서 매우 성공적인 것으로 입증되었던 근대화의 위업
을 코리아의 보수적인 국민들 사이에서 완수하기 위해 전광석화와
같은 속도로 개혁에 착수하였다. 일본이 중세의 꿈에서 깨어나고 있
는 소심한 은둔의 나라에 대해 강요하였던 개혁은 실로 광범위하였

요정의 나라(경회루)

서양식 제복을 입은 왕족
출처 : "UN PAYS CONVOITE : LA
COREE", *L'ILLUSTRATION* (Mars
29, 1902)

전통 의상을 입은 왕족
출처 : "UN PAYS CONVOITE :
LA COREE", *L'ILLUSTRATION*
(Mars 29, 1902)

다. 새로운 정체, 양력, 세습 관직과 조혼 폐지, 일요일의 공휴일 설정, 모든 종류의 오랜 법률과 관습의 수정, 귀족의 긴 담뱃대에 대한 강제적인 단축 등이 시행되었다. 그리고 무엇보다도 나쁜 것은 모든 코리아 남성들이 잘 손질하여 정수리 부근에서 단단하게 틀어 올린 상투를 자르도록 한 것이었다.[2] 상투는 코리아 남성들에게 남성의 상징으로 여겨졌으므로 이것을 자른다는 것은 가장 무례한 짓이었다.

실제적으로 일본 개혁파들의 포로가 된 불쌍한 왕은 전통 칙령을 폐기하는 것에 하나하나 서명하였고, 이것은 코리안들에게 공포와 경악을 주었다. 왕이 최초로 단발하고, 왕족의 상투가 처음으로 떨어졌다. 그 다음에는 개혁에 계속 박차를 가하기 위해서 모든 귀족, 왕족, 궁에 출입하는 평민들의 상투를 자르기 위해 길고 날카로운 가위를 가진 병사들이 궁궐 대문에 배치되었다. 도시 대문에는 이발사가 군대의 지원을 받아 도시로 오는 통행인을 잡아서 중세적인 땋은 머리를 강제적으로 제거하였다.

이것은 기근이 위협할 때까지 계속되었는데, 왜냐하면 이 소식이 시골 지역으로 퍼지자 농부들이 도시로 오는 것을 멈췄기 때문이다. 그들은 식량 공급을 중지함으로써 단발령에 대해 보복하였다. 단발 담당 관리는 전국 사방팔방으로 머리카락을 수확하러 나갔다. 그러나 그들이 머리카락을 자를 때마다 일본 개혁가에 대한 선동과 반감의 씨앗이 자라나서 더 이상 단발을 강제적으로 할 수 없게 되었다. 일본은 정치적 경제적 개혁을 단행할 때 이 반감을 누르기 위해 가장 좋은 방법이 방방곡곡에 파견한 머리털 수집가, 즉 단발 시행자들을 다시 수도로 불러들이는 것이라고 생각했다. 그러나 뚜렷한 진척은 이루어지지 않았다. 보이지 않는 손이 개혁이라는 이름의 수레바퀴에 막대기를 밀어 넣고 있었다. 수많은 쓸모없는 관리와 해고되었던 궁궐 하인들이 다시 나타나 이전처럼 봉급을 지급받기 시작하였다.

근정전 내부

1   식민 사관의 타율성론을 그대로 따르는 역사관이다. 당시에 미국인인 버튼 홈
    스에게도 이미 이러한 사관이 당연한 것으로 인식된 듯하다.

2   청나라가 건국된 이후 베이징을 방문한 조선인들은 변발을 하고 좁은 소매의
    옷을 입은 사람들을 보면서, 중국이 마침내 오랑캐의 나라가 되었음을 실감했
    다. 그들은 전통적인 머리 모양과 복식을 유지하는 자신들의 처지를 다행이라
    생각하고, 이를 문명국의 표상이라 여겼다. 그런 조선인에게 1895년에 내려
    진 단발령은 그야말로 청천벽력이었다. 고종은 내부 대신 유길준 등의 요청에
    따라 1895년 11월 15일 단발령을 내렸다. 단발하는 자신의 뜻을 본받아 만국
    (萬國)의 대열에 나란히 서라는 취지의 명령이었다. 단발령은 조야에 엄청난
    반발을 불러일으켰다. 전국에서 명성황후의 원수를 갚자고 하며 단발령에 반
    대하는 의병이 일어났고, 이들은 상투를 자른 관리들까지 공격 대상으로 삼았
    다. 결국 1895년의 단발령은 고종의 아관파천으로 중지되었다. 고종이 러시
    아 공사관으로 몸을 피하면서 권력자였던 김홍집이 종로에서 피살되고 유길
    준은 일본으로 망명했기 때문이다. 그러나 1907년 서울에서부터 다시 단발이
    시작되었다. 공교롭게도 일본에 망명 중이던 유길준이 순종의 특명으로 귀국
    한 시기였다. 단발은 이제 거스를 수 없는 시대적 대세가 되어 근대화의 표상
    으로 부각되었다. (김문식, "1895년 단발령에 대한 논쟁", 다산연구소, http://
    www.edasan.org/bbs/board.php?bo_table=board90&wr_id=302 참조)

8

비운의 왕비와 아관파천

당시 황제의 아버지

일본의 개혁은 서류상으로만 남아 헛된 것이 될 것 같았다. 모든 것은 한 사람의 영리한 부인이 그들에게 반대하기 때문이었다. 그 부인은 왕비로서 명나라에서 온 씨족의 딸이었다.[1] 왕비는 늙어 몽롱해진 왕을 여러 해 동안 제어해 왔으며, 모든 늙은 보수주의자들과 궁궐 식객들의 신임을 받았다.

그녀는 업무 처리에서 유명한 (왕보다도 한때는 더욱 유명했던) 왕의 아버지, 대원군이 초창기에 가지고 있었던 독점적 위치를 계승하였다. 가장 영민한 정치인이었던 대원군은 왕족으로 태어나지는 않았지만,[2] 왕으로 지명받아 임금이 된 그의 아들이 어렸을 때부터 아들이 성인이 된 후까지 이 땅을 통치해 왔다. 기존에 옥좌 뒤에서 권력을 쥐고 있던 조 대비가 중국 편이었던 반면에 대원군은 코리아 편이었다. 그러나 대원군의 패권은 일시적으로 쇠퇴하였다. 대원군의 며느리는 궁궐 내의 전권을 장악하였고, 친일 개혁가들은 내각행정부을 통제하였다.

그러는 동안 나라는 분열되었다. 왕은 그 자신이 임명한 진보주의자들의 점진적인 정책과 일본의 후원, 그리고 측근들의 완고한 보수주의를 중재하려는 불가능한 과제 때문에 당황하고 있었다. 왕비가 살아 있고 왕을 통제하는 한 개혁이 사문화되리라는 것은 분명하였다. 일본은 그들의 명예를 더럽히는 방식으로라도 개화의 첫째 적을 제거하고자 하였다. 천황의 묵인 아래, 코리안과 일본인이 혼합된 폭도들이 궁궐 내에 침입하였다. 혼란 속에서 왕비로 오인된 몇 명의 궁녀들이 살해되었다. 왕은 왕비의 개인 별관 구석에 있는 방으로 피하였으나 곧 잡혀서 눈앞에서 왕비가 살해당하는 것을 보게 되었다.

그녀의 시신은 가까운 소나무 숲으로 옮겨져, 석유에 흠뻑 젖은 채 지금은 간소한 사당으로 표시된 장소에서 화장되었다.[3]

그 유해는 후에 그녀가 살해자들과 다투었던 방의 여닫이창에 걸린 채 발견된 손가락 하나 외에는 완전히 소실되었다. 재는 연못의 표면에 뿌려졌다. 왕비의 실제 무덤은 그 연못의 섬에 있는 탑을 통해 기리고 있다.

반면에 나중에 방문한 왕비의 능은 시해자의 격분으로부터 겨우 탈출한 조그만 손가락 하나를 기리기 위한 것이다. 왕비가 사망한 이후 1년간, 승리한 개화파는 실질적으로 수감자의 처지에 놓인 겁먹은 왕을 지배하였는데, 그들은 왕비를 사후에 궁녀의 지위로 강등하도

왕비가 시해된 장소로 추정되는 곳

록 포고하여 왕비의 명예를 모욕하고자 하였다.

　잠시 동안, 한때 매우 보수적이고 개화를 싫어하던 황제의 아버지 대원군은 열광적인 개화파의 지도자가 되었다. 그러는 동안 일본은 경솔하게 선택한 광신적인 밀사들이 행했던 역할명성황후 시해에 대해 부끄럽게 여겨, 일본 군대와 관리를 소환하고 개혁 수행을 위한 활동을 중지하였다. 그러던 어느 날 아침, 집권자들은 자신들이 따돌려졌음을 깨달았다. 왕은 궁녀들의 교묘한 계획 덕택으로 궁궐을 탈출하였다. 왕은 부녀자의 옷을 입고 가마를 탄 채 러시아 영사관으로 몰래 빠져나갔다아관파천.⁴ 그리고 거기서 1년 동안 러시아 대표들의 보호

왕비가 화장된 장소로 추정되는 곳

와 러시아 함대 해병의 호위 아래 내각을 열었다. 왕의 탈출 24시간 이내에, 그를 유폐한 대신들은 살해되거나 추방되었다. 두 사람은 대로상에서 왕에 의해 능지처참을 당하였다. 이어서 왕의 적들이 권력을 잡고 있을 때 왕이 내리고 행한 모든 것을 무효로 하는 포고와 칙령이 빗발치듯 나왔다.

여러 해 동안 황제로서 새로운 위엄을 갖춘 그는, 그가 신임하는 외국 강대국 공사의 그늘 아래에 있던 새 궁궐에서 살았다. 우리는 그

왕비의 재가 뿌려진 것으로 추정되는 곳

새 궁궐로부터 영사관이나 다른 궁궐로 탈출하기 쉽도록 고안된 비밀 통로와 문이 있다고 들었다.

샌즈 고문관의 저택 정원에서 본 전경

99

서울의 러시아 영사관

1 저자가 잘못 이해하고 있는 것 같다. 명성 황후는 본관은 여흥. 여성 부원군
(驪城府院君) 치록(致祿)의 외동딸이다. 8세 때 부모를 여의었기 때문에 친척
들의 도움을 받으면서 성장했다. 1866년(고종 3) 3월, 16세 때 부대부인 민씨
(府大夫人閔氏)의 추천으로 왕비가 되었다.

2 흥선 대원군 이하응(1820~1898)은 본래 인조의 셋째아들 인평대군의 8세손
으로 왕권과 그다지 가까운 종친이 아니었으나 그의 아버지 남연군이 정조의
이복형제인 은신군의 양자로 들어가면서 영조로부터 이어지는 왕가의 가계에
편입되어 그나마 왕위와 가까워졌다. 철종은 후사가 없었기 때문에 왕위와 가
까운 왕족들은 누구나 왕이 될 가능성이 있었지만 당시 세도를 잡고 있던 안
동 김씨로부터 끊임없는 견제를 받아야 했다. 이하응은 안동 김씨 가문의 견
제를 피해 시정의 파락호 노릇을 하면서 한편으로는 안동 김씨 가문에 원한
을 가지고 있던 조 대비 일파와 긴밀한 관계를 맺어 나갔다. 철종 사후 조 대
비는 이하응과의 약속대로 그의 아들 명복(후의 고종)을 익종(순조의 세자)의
대통을 계승하도록 지명하고 국왕에 즉위하게 하였다. 고종의 즉위 후 이하응
은 대원군이 되어 국정을 총람하고 섭정하게 되었다.

3 일본은 청일전쟁에서 승리함으로써 조선에 대한 우월권을 확보하고 청으로부
터 랴오둥 반도(遼東半島) 등지를 할양받아 대륙 침략의 발판을 마련하였다.
그러나 일본의 독주를 우려한 열강, 즉 러시아가 주동하고 프랑스 · 독일이 연
합한 이른바 삼국간섭으로 랴오둥 반도를 청에 반환하게 되었다. 이러한 러시
아의 영향력에 자극되어 조선에서는 배일 · 친러적 경향이 싹트게 되었다. 그
동안 친일 세력에 눌려 있던 명성 황후의 척족 세력과 함께 구미 공관과 밀접
한 접촉을 가지며 친미 · 친러적 경향을 보이던 정동파(貞洞派) 인사들이 득세
하기 시작한 것이다. 또한 러시아 공사 베베르(Veber,K.I.) 역시 미국 공사와
재한 미국인을 포섭하고 명성 황후 세력에 접근하여 친러 정책의 실시를 권
유하였다. 일본 공사 이노우에(井上馨)의 매수 정책에 따라 김홍집 내각이 성
립되었지만, 친일 세력은 힘을 잃었으며 명성 황후 세력과 친미 · 친러파가 요
직을 장악하였다. 내각은 일본의 주도하에 이루어졌던 개혁 사업을 폐지하고

친일파를 축출하였으며 일본에 의해 육성된 훈련대마저 해산시키고자 하였다. 이에 신임 일본 공사 미우라는 1895년 10월 8일 일본군 및 낭인들을 조직하여 경복궁에 침입, 명성 황후를 시해하는 을미사변을 일으켰다. 궁궐에서의 소란은 당시 궁내에 있던 궁녀 등뿐만 아니라 외국 출신 관리, 외교관 등에게도 목격되어 일본측의 애초 계획과는 달리 당시의 자세한 진상이 세계에 널리 알려졌다. 그 증언들을 종합하면 사건의 전말은 다음과 같다.

사건 20일 전 일본 공사관에서 미우라 공사와 흥선 대원군과 관련이 깊었던 고문관 오카모토 류노스케(岡本柳之助) 대위 등이 암살 계획을 짰다. 서울에 주둔하고 있던 일본군 수비대 병력과 일본 경관뿐만 아니라 민간인들이었던 한성신문사 사장과 직원들, 극우파 낭인들을 동원하였다. 또한 당시 해산설이 분분하여 불만을 갖고 있던 훈련대를 끌어들이고 명성 황후와 정적 관계에 있던 대원군을 이용하기로 했다. 직접적인 살해의 시도는 낭인들이 맡고, 사건 자체의 외형은 흥선대원군을 중심으로 한 조선인 훈련대의 반란으로 위장한다는 계획이었다. 먼저 10월 8일 새벽, 일본 낭인들은 공덕리 별장에서 모여 대원군을 끌어냈다. 그리고 대원군을 호위한 일본인 및 훈련대 일부는 광화문을 통해, 또 일본 수비대 일부는 북쪽 신의문을 통해서 궁궐에 침범하였다. 훈련대 연대장 홍계훈(洪啓薰)과 군부 대신 안경수가 1개 중대의 시위대 병력을 이끌고 대항하였으나 홍계훈은 일본군 장교의 총격을 받아 전사하고 안경수와 시위대 병력은 일본군의 공격에 밀려 무너졌다. 폭도들은 당시 고종과 명성 황후가 머물고 있던 건청궁으로 몰려들었다. 당시 일본군의 포위 소식을 들은 고종은 미국과 러시아 공사관에 도움을 요청하였으며, 당시 세자였던 순종과 명성 황후를 자신의 침전인 곤녕합으로 불러 모았던 상황이었다. 일본인 전 고문관 오카모토를 포함한 낭인들은 명성 황후를 찾아 건청궁 내를 뒤지다 곤녕합까지 이르렀다. 그들을 가로막던 고종과 태자마저 밀치거나 끌어내는 등 폭력적으로 제압하였으며 도망하는 명성 황후를 쫓아가 회랑에서 여러 차례 칼로 찔러 살해하였다. 그리고 아침에 고종이 미우라 공사에게 사자를 급히 보내 어젯밤 일의 내막을 묻자 미우라는 서기관 스기무라와 통역관을 데리고 궁으로 들어왔다. 미우라는 고종을 협박하여 김홍집 내각을 성립시켰으며 김홍집 등이 연락을 받고 궁으로 들어올 때 미우라는 잠시 자리를 비웠다가 황후의 시신을 직접 확인하고 화장을 명하였다. 흉도들은 시신을 문짝 위에 얹어 이불을 덮고 건청궁 동쪽 녹원(鹿園) 숲속으로 가져간 다음

장작더미 위에 올려놓고 석유를 뿌려 태웠다. 날이 밝은 뒤 타다 남은 유골을 궁궐을 순시하던 우범선이 우연히 발견하여 연못 향원정에 넣으려고 했으나, 훈련대 참위 윤석우(尹錫禹)가 혹시 황후의 시신일지도 모른다는 생각에서 이를 수습하여 멀리 떨어진 오운각 서봉(西峰) 밑에 매장했다. 아관 파천 이후 대한제국을 선포하고 미루었던 명성 황후의 국장을 치르면서 이 유골을 다시 수습하여 현재의 청량리 홍릉에 안장하였다.

4 아관파천은 1896년 2월 11일 친러 세력과 러시아 공사가 공모하여 비밀리에 고종을 러시아 공사관으로 옮긴 사건을 말한다. 을미사변 이후 고종을 억압하여 일본은 친일 내각을 성립시키고 명성 황후를 폐위하고자 하였으며, 단발령 실시를 포함한 급진적인 개혁 사업을 재개하였다. 그러나 국모 시해로 인해 고조되었던 백성들의 반일 감정은 단발령을 계기로 폭발하여 전국적인 의병 봉기를 초래하였다. 이범진(李範晉) · 이완용(李完用) 등 친러파 세력은 중앙의 친위대가 의병을 진압하기 위해 지방으로 이동한 틈을 이용하여 궁녀 김씨와 고종이 총애하던 엄상궁(후의 엄비)을 통해 고종에게 접근하고 신변의 안전에 위협을 느낀 고종은 이들 및 러시아 공사 베베르와 논의하여 잠시간 러시아 공사관으로 옮기기로 정하였다. 이에 러시아측은 1896년 2월 10일 공사관 보호를 구실로 인천에 정박 중이던 러시아 군함 수군 120여 명을 무장시켜 서울에 주둔시켰으며 다음날 11일 새벽 고종과 세자는 극비리에 궁녀의 교자에 타고 경복궁 영추문을 빠져나와 러시아 공사관으로 파천하였다.

아관파천 후 1년간은 내정도 러시아의 영향력을 강하게 받았다. 정부 각부에 러시아인 고문과 사관(士官)이 초빙되고, 러시아 무기가 구입되어 중앙 군제도 러시아식으로 개편되었으며, 재정도 러시아인 재정 고문 알렉세예프(K. Alexeev)에 의해 농단되었다. 열강은 아관파천에 대해서는 정치적 불간섭주의를 표명하였지만 경제적 이권에는 기회 균등을 요구하여 전차 · 철도 부설권, 삼림 채벌권, 금광 · 광산 채굴권 등 시설 투자와 자원 개발에 관한 각종 이권을 획득하였다. 일본은 열강으로부터 이권을 전매하는 방법으로 이에 참가하였다. 1897년 2월 25일, 고종은 러시아의 영향에서 벗어나라는 압력에 따라 경복궁이 아닌 경운궁으로 환궁하고 국호를 '대한제국'으로, 연호를 '광무'로 고치고 황제 즉위식을 하여 독립 제국임을 내외에 선포하였다.

9

서울의 외국인들

미국 공사관에서

황제가 그의 이웃인 미국 영사 알렌 박사보다 더 암묵적으로 신뢰를 준 자는 없었다. 알렌은 처음에는 선교사로, 다음에는 궁궐의 의사로, 마지막으로는 영사로 여러 해 동안 코리아에서 지냈다.[1] 왕은 많은 외국 조언자들을 미국 공사관원들 중에서 선택하였다. 원래 미국 공사관의 서기관이었던 샌즈[2] 씨는 실질적으로 내각의 일원으로서 궁내부Imperial Household Department의 고문을 했던 경험이 있었다. 그는 코리아의 귀족처럼 많은 존경을 받으면서, 궁궐이 보이는 높은 지대의 호화로운 저택에 살았다.

코리아의 공직에 있는 다른 외국인들도 국가를 위해 봉직했다. 제국의 세무를 담당하던 영국인 맥레비 브라운MacLeavy Brown[3]이 그중 두드러졌다. 코리아에서 권력을 쥔 또 다른 한 사람은 보스트위크Bostwick[4]였다. 그는 서울의 전차 운행 노선을 관리할 뿐만 아니라 전기, 상수도, 포장도로를 도입하였다. 미국에서 설립한 발전소는 이 졸린 듯하고 격리된 수도의 무감각한 신경을 따라 전기 에너지의 전율을 보내고 있다.

우리는 보스트위크 부부의 아름다운 집에서 저녁 식사를 했다. 매일 밤, 눈부신 전등 빛 속에서 5번가[5]에서도 찾을 수 있으리라고는 생각지 못할 정찬을 먹을 수 있었다. 저녁 식사 후 안주인이 최근 샌프란시스코의 악기점에서 수입한 피아노 건반을 빠르게 두드리는 동안, 우리는 창문을 통해 장례 행렬의 환상적인 호롱을 보았다. 고용된 조객들의 구슬픈 곡소리가 보스트위크 부인의 연주곡과 기묘한 대조를 이루면서 "플로로도라Florodora"[6] 6중창처럼 우리를 전율하게 만들었다.

또 다른 미국인 가정은 전기 회사 수석 기사의 가정이다. 거기서 우리는 매력적인 부인으로부터 후한 대접을 받았다. 그녀는 코리아 수도의 성벽 바로 밖 정원에 캘리포니아를 연상하게 하는 조그만 뜰을 만들었다.

궁내부 고문관의 저택

한 미국인 집에서

한 미국인 가정의 정원

1 2장 주석 6 참조.

2 윌리엄 샌즈(William F. Sands)는 미국 동부 명문가에서 태어나 워싱턴에 있는 조지타운 대학교에서 법학을 공부한 후, 1898년(고종 35) 1월경에 25세의 나이로 주 한국 공사관 서기관으로 발령되었다. 1904년(고종 41) 러일 전쟁 발발 때까지 고종의 고문관으로 재직하면서 러시아와 일본 간의 제국주의 대결 과정과 조선의 식민지화를 직접 목격하고 『조선비망록(Undiplomatic Memories)』을 통해 대한제국의 정치적 상황과 사회상을 증언하였다. 한편 1901년(고종 38) 5월에는 제주에서 이재수의 난이 일어나자 고종의 특명에 따라 파견되어 천주교도를 보호하겠다는 명분으로 출동한 프랑스 함대와의 충돌을 사전에 막고 사태를 무마시켰다. 을사조약 전에 대한제국의 중립국화를 구상하여 고종 및 일본 양측에 건의하기도 하였으나 실패에 그치고, 임금 체불, 주변 상황의 압박 등으로 인해 1904년에 미국 국무성으로 귀환하였다. 이후 1920년대부터는 정년 때까지 조지타운 대학교에서 역사와 외교사 교수로 재직하면서 많은 논문과 저서를 집필하였다.(신복룡, "한말 고문관 샌즈의 연구", 『한국정치외교사학회 학술대회 논문집』, 한국정치외교사학회, 2001; 위키피디아 참조)

3 존 맥레비 브라운(John McLeavy Brown)은 1835년 11월 27일 아일랜드에서 출생하여 퀸스 대학과 더블린의 트리니티에서 수학했다. 그는 1873년 영국 관세청 근무를 시작으로 1874년부터 19년간 현재 중국의 상하이, 광둥 그리고 타이완 지역에서 근무하였으며, 그 학력 및 경력을 인정받아 1893년 고종 황제에 의해 해관의 총세무사로 임명되었다. 청일 전쟁으로 일본의 압력이 강해지자 이를 저지하기 위해 재정을 담당하는 탁지부 고문을 겸임하게 되었다. 그는 1896년부터 본격적으로 정부의 세출을 담당하여 긴축 재정을 실시하고 차관 도입 협상을 진행하였으며 화폐 개혁에 간여하였다. 아관파천 이후 고종의 명에 따라 서울의 도시 정비 사업을 주도하였다. 덕수궁 석조전의 건축과 탑골공원의 조성 등을 건의한 것으로 알려져 있다. 1905년 을사조약이 맺어지면서 일본이 재정까지 장악하게 되자 사임하고, 런던에서 중국 공사관의 고

문으로 일하다가 1925년 사망했다.

4 보스트위크(Harry Rice Bostwick, 1870~1931년)는 미국 디트로이트에서 태어
났다. 사업가로서 헨리 콜브란과 함께 미국인 모스가 특허한 경인선 철도 부
설 사업에 참여하였고, 이후에는 고종이 출자하여 설립된 한성전기회사와 도
급 계약을 맺어 서울 시내의 서대문~홍릉 간 전차 노선과 상수도 시설 부설,
발전소 건립 및 가로등 가설 등을 행하였다. 공사 대금 대신 한성전기회사의
소유권을 일부 획득하여 한미전기회사를 세웠으며 골불안 · 보시욱 은행을 운
영하기도 하였다.

5 뉴욕 5번가는 명품 가게들이 들어선 화려한 거리로, 유명한 식당가도 있다.

6 플로로도라(Florodora)는 레슬리 스튜어트가 작곡하여 리릭 극장에서 상영하
면서 1899년에 대성공을 이룬 뮤지컬이다.

10

전차

Séoul et sa cathédrale (Corée)   Seoul town and cathedral

서울의 대성당
출처: Séoul et sa cathédrale(Corée), 프랑스의 엽서

시내 전차

서울에는 과학과 물질적 개화의 선교사뿐만 아니라, 종교의 선교사도 있다. 그러나 이것은 다른 이야기이다. 종교에 대해 말하는 것도 의미가 있겠지만 나는 이에 대해 말하지 않을 것이다. 많은 박해를 받으면서도 100년 이상 가톨릭이 이어져 왔다고 말하는 것으로 충분하다. 성당은 가장 전망이 좋은 위치에 자리 잡고 있다. 신교는 최근에 도착하여, 의도는 존중받을 만하지만 디자인은 엉망인 건축물들을 설립하고 있다. 외국인의 악취미적이고 섬뜩한 건축물이 도시 경관을 잠식하고 있는 셈이니, 코리아가 이를 부수어 버리더라도 하등 이상할 게 없다.

그러나 선교 건물보다 정말 섬뜩하게 어울리지 않는 것은 서울 시내의 전차이다. 그것들은 바퀴 달린 용이나 배 혹은 가마처럼 만들었어야 했다. 그러나 백인들의 고집스런 정신은 그들이 상업적으로나 산업적으로 점령한 모든 동양 땅에 합리주의의 추한 증거물을 강요하였으며, 그들은 그것을 서양 문명의 상징이라고 여겼다. 시내 전차는 서울의 도시 생활에 혁명을 가져왔다. 이것은 일본의 군사력에 기대어 시도했다가 실패한 제국의 개혁(즉 단발령의 경우)조차도 유행하게 만들었다. 회사의 경영자가 한마디 했을 뿐인데, 운전수와 차장은 그들이 길러 온 상투를 짧게 자른 뒤 서양식 유니폼을 입고 모자를 썼다.

그러나 '전차 혁명' 또한 약간의 반발은 있었다. 서울의 근대화에 반대하는 파업과 폭동 및 대중적인 데모도 있었다. 시간을 중시하는 많은 관습은 쇠퇴하고 있다. 옛날에는 밤마다 성문이 닫혔고, 오후 8시에는 큰 종이 울려 모든 사람들에게 거리로부터 물러가라는 신호를 보냈다. 그리고 나서 자정까지 거리는 관습상 하루 종일 집에 갇혀 생활하던 코리아 여성들의 시간이 되었다. 밤을 제외하고는 거리를 결코 본 적이 없는 여성이 많았다. 그리고 낮 시간 외의 거리를 아는 남자들은 드물었다. 남자들 중 밤에 거리를 통행할 수 있는 자는 맹인이거나 가까운 약국에서 채워 넣은 처방전을 가진 자뿐이었다.

그러나 지금은 문명화된 사회처럼 여성들이 낮에 거리를 활보하는가 하면 남자도 밤에 나다닌다. 사실, 남자들은 한뎃잠을 통해 과거

새로 짓고 있는 전차 회사 사무실

공무상의 의자(가마)

최신 유행의 마차

의 이른 귀가 시간을 보상받으려고 작정한 것처럼 보인다. 시내의 전차 궤도는 그들이 좋아하는 잠자리이다. 왜냐하면 레일은 코리안들이 잘 때 목을 쉬게 하는 딱딱한 베개처럼 생겼기 때문이다.

우리는 가끔 하얀 옷을 입은 사람들이 기진맥진한 유령처럼 돗자리에 줄지어 누워 있는 것을 본다. 그들은 시원하고 편안한 레일에 목을 베고 쉬면서 황홀경에 빠져 코를 곤다. 하루는 밤 11시 30분 올빼미 차심야 통행 전차가 연착하였다. 해당 지역에서 노숙하던 이들은 기차가 아직 지나가지 않았다는 것을 모른 채 평소 시간에 쉬고 있었다. 비극적인 결과로 두 명의 목이 잘리고 소동이 벌어졌다. 그 이후로 회사는 전신주마다 어떤 사람도 전차 궤도에서 잠을 자서는 안 되며, 궤도는 개인 소유물이지 공공의 베개가 아니라고 선언하는 성명

벽보를 읽고 있는 소년

서를 붙였다. 개인의 권리를 침해하는 벽보의 내용을 읽고 시민들은 분개했다. 이튿날 밤, 벽보는 대부분 찢겨 나가거나 지워졌다. 이렇게 폭동이 급박해지자 회사는 조건부로 항복하였다. 승리한 주민들은 전기 단두대guillotine와 같은 차가운 스틸 위에 용감하게도 그들의 목을 올리고 밤공기를 계속 즐겼다. 현재 올빼미 차는 일정표대로 달리거나 아침까지 귀로를 연기하고 있다.

11

활동사진

도시 담벼락에서 쉬고 있는 사람들

우리가 촬영한 활동사진을 이 책의 페이지에 영사할 수 있을까? 아니면 도서관 테이블에서 작동할 수 있는 단순하고 작은 기구를 통하여 보여 줄 수는 없을까? 그렇다면 우리의 활동사진은 이 중대한 때에 독자들에게 우리가 빠른 전차를 타고 서울을 통행하면서 즐겼던 흥분을 재현할 수 있을 것이다.

첫 서울 나들이는 초가지붕을 한 교외로부터 동대문으로 이르는 경로였다. 어렴풋이 보이던 대문은 더욱 더 커져 마침내 안뜰을 통해 터널 같은 아치 속으로 들어갔다. 서울의 주도로를 똑바로 스쳐 지나가자, 코리아 수도의 하얀 옷을 입은 주민들 사이로 퍼져 가는 당황과 두려워하는 말들이 보였다. 미래에는 사람들을 살아 움직이는 모습 그대로 보여 줄 수 있을 만큼 장치가 완벽해지고, 움직이는 사진으로 된 삽화가 독서등의 동그란 불빛 아래에서 외국의 삶을 생생하게 드러낼 수 있게 될 것이라고 생각한다. 그러나 지금 당장은 움직임을 있는 그대로 재현하지는 못해도 암시해 주기는 하는 사진만으로 만족할 것이다.

나는 독자들이 활동사진을 현대를 살아가고 있는 사람들의 삶을 기록하는 올바른 수단이라고 생각하게 될지 궁금하다. 미래의 사람들이 실제로 100년 전에 같은 세계에 살았던 사람들의 생생한 모습을 활동사진으로 보게 될지 알고 싶다.

삶은 세상에서 가장 유익한 연구 과제이다. 왜냐하면 모든 삶은 신성한 것이기 때문이다. 살아가는 모든 것을 사랑하지 않는 사람은 삶의 기쁨을 누릴 자격이 없다. 삶을 묘사하는 것이 예술의 목표이자 목적이다. 전기傳記(삶의 기록)는 문학의 목표이자 목적이다.

한 사람 또는 많은 사람의 제스처, 활동 그리고 표현을 임의로 재현할 수 있게 삶을 기록하는 것, 그리고 한 사람 또는 많은 사람들이 그들의 삶을 재생하고 재연하는 것처럼 보이게 만드는 것, 이것이 활동사진이라는 예술 과학의 목표이자 목적이다. 활동사진은 가장 진실한 전기傳記이다.

활동사진은 행동이라는 보편적인 언어로 삶을 기록하는 것이 아닐까? 부자는 온갖 종류의 도서관을 만들면서 왜 이러한 종류의 전기 도서관은 만들지 않을까? 현재의 삶과 생활 양식과 사건을 영상 필름

남대문 시장

에 기록하는 기관 말이다. 이것은 후세에 정보와 연구거리를 제공해 주지 않을까? 오늘날 우리가 셰익스피어의 움직이는 모습을 스크린으로 볼 수 있다면, 조지 워싱턴의 걸음걸이와 몸짓을 관찰할 수 있다면, 보나파르트의 쓴 미소나폴레옹 초상화 속의 미소를 말하는 듯하다를 볼 수 있다면, 혹은 심지어 과거 유명 배우의 무언극을 연구할 수 있다면, 그것이 의미하는 바가 무엇이겠는가!

우리는 위대한 예술가들이 그린 다수의 조지 워싱턴 초상과 저명인사들의 판화들을 갖고 있다. 그러나 각각의 초상은 서로 다르다. 그리고 우리는 어느 것이 그 사람을 실제로 대표하는지를 모른다. 그러나 활동사진은 동시대 사람들이 그 사람의 생활 모습을 실제로 볼 수 있는 것처럼 우리도 볼 수 있게 해 준다. 나는 도서관에 보관되는 무수히 많은 기록들 중 몇몇은 영화 기록 도서관에 기증했으면 좋겠다고 생각한다. 그것 덕분에 후세의 사람들은 현재로부터 미래까지 모든 위인의 유령을 깨우는 것이 가능하다는 것을 알게 될 것이다. 그리고 오늘과 내일의 사람, 모든 나라와 모든 인종의 사람들로 하여금 그들의 역할을 새로이 인식하게 하고, 오랜 시간이 지난 후 서로 다른 개성과 다수의 생활 양식과 특징을 더욱 가까이 그리고 친밀하게 비교하는 것이 가능하다는 것을 알게 될 것이다.

이른 아침에 모인 사람들

새벽 시장

12

거리에서

거리에서

서울 도로는 대조적인 것들이 많다. 예를 들어 파리의 넓은 대로처럼 넓은 도로도 있고, 캔톤canton; 읍, 면의 뒷골목처럼 좁은 길도 있다. 주요 간선 도로의 훌륭한 상태는 코리아의 고문관으로 활동하면서 워싱턴에서 본 것을 본국에 실현하고자 한 관료의 노력 때문이다.[1] 그는 부패한 관료의 묵인 아래 버섯처럼 튀어 오른 오두막과 판잣집으로 가득했던 넓은 거리를 깨끗이 정비했다. 그는 통로를 포장하고 도로의 보수와 유지를 위한 법령을 만들고 시행하였다. 그러므로 서울 거리는 이전에는 베이징보다도 열악했지만, 지금은 동양의 어느 토착 도시보다도 낫다.

거리에서 보는 광경은 항상 흥미롭다. 통행인의 기묘하게 입은 모습과 호기심 끄는 풍습을 훔쳐보며 길을 걸었다. 등에 놀랄 만큼 큰 크기의 짐을 지고 가는 사람도 있었다! 그러나 알고 보면 노란 종이로 포장한 텅 빈 대나무 바구니이기 때문에 무게는 무척 가볍다. 스스로를 구울 준비를 하는 것마냥 장작 더미를 지고 가는 황소도 있다.

주요 도로

짐꾼들

장작 더미를 싣고 가는 소

인간 트럭

주석

1 존 맥레비 브라운(John McLeavy Brown)이 고종의 명을 받아 한성 판윤 이채연과 함께 시행한 도시 정비 사업에 대한 이야기인 듯하다. 아관파천 이후 러시아 공관으로 주필(駐蹕)한 고종은 1896년 9월 29일 조칙(내부령 제9호)을 통해 한성 판윤 이채연·총세무사 맥레비 브라운에게 경운궁(오늘날 덕수궁)을 중심으로 하는 도시 개조를 명하고, 독립협회로 하여금 독립문 건립을 추진토록 하였다. 종래의 경복궁과 운종가 중심의 도로 체계 대신에 경운궁을 중심으로 하는 방사상 도로와 환상 도로 및 그 외접 도로를 새로 개통하였으며, 기존 도로를 정비하였다. 그리고 그때에 시민 공원 또는 시민 광장도 등장했는데, 당시의 경운궁 앞, 현재의 서울광장 위치에 백성들이 집회를 열 수 있도록 광장을 마련했으며 탑골공원 또한 이 시기에 만들어졌다. 9장의 주석 3 참조.

13

모자의 나라

상복

거리 의복

모자를 보라! 먼저 농부들이 쓰고 있는 거의 1제곱야드약 90cm²에 이르는 짚으로 만든 가장 큰 모자를 보자. 이 농부의 거친 짚 모자는 단지 2~3전이면 살 수 있으므로 양반들이 가까운 친척의 장례식에 문상 갈 때 쓰는 기품 있는 모자와 혼동해서는 안 된다.

아버지의 사망은 재앙이다. 그 비탄은 그 아들을 외부와 격리시키는 규율로 인해 더욱 깊어진다. 아버지가 죽으면, 아들은 3년 동안 긴 초의를 입고 짚으로 만든 조개 모양의 모자 아래 슬픔에 찬 눈썹을 감추어야 한다. 그리고 눈물이 글썽이는 눈은 얼굴에 정사각형의 삼베를 받쳐 가려야만 한다. 마지막으로 그는 1000일 하고도 95일간의 규정된 시기 동안 다른 사람의 눈을 의식하면서 그 모습을 유지해야만 한다.

코리아는 정말 모자의 나라이다. 그리고 모든 모자는 각기 의미를 갖고 있다. 그럼 언제 코리아 양반들의 전통적인 모자가 탄생했을까? 대나무 틀에 말총이나 쪼갠 대나무를 엮어 만든 원통형의 모자로 매우 섬세하고 불편하며 아름다운 모자 말이다.[1]

다른 모든 흥미로운 것처럼, 이것은 진화의 결과이다. 이야기는 아주 먼 옛날 왕위 계승을 둘러싸고 왕의 총애를 받기 위해 당파 간에 봉건적인 분쟁을 벌이던 시절로 거슬러 간다. 옛날 한 현명한 왕이 신하들과 왕자들이 공모共謀하는 것을 막고 길들이기 위한 계획을 내놓았다.

"만일 사람들이 함께 머리를 맞대지 않으면 공모할 수 없다. 그러므로 그대들은 큰 모자를 쓰고 서로 소리쳐야 할 것이다."

그는 모든 신하들의 모자 크기와 모양을 규정했다. 모자를 벗는 것

애통해하는 고아(상주)

은 반역죄로 간주되었다. 모자를 손상하는 것은 모자를 쓴 사람에게 심한 불명예를 가져온다. 모자가 매우 커서 큰 소리가 아니면 서로 대화할 수 없었기 때문에 싸움과 음모를 사전에 진압할 수 있게 되었다. 모자는 자기로 만들어졌으며 부서진 모자는 궁궐에서 깨어진 미래를 의미했기 때문에 감히 서로 싸우지 않았다. 여러 해 동안 모든 코리아 사람들은 펀치 볼처럼 크고 부서지기 쉬운 나팔꽃 모양의 무거운 모자 때문에 비틀거리며 다녔다.[2] 시간이 변하고 코리아의 모자는 진화하였다. 마침내 자기로 만든 모자는 사용되지 않게 되었고, 아직도 크기와 파손의 문제는 있지만 우아하고 편리한 현재의 환상적인 망사 모자가 출현하게 되었다.

아직도 코리안은 모자를 망가트리지 않고 말다툼하는 것이 불가능하다. 심지어 오늘날에도 남의 모자를 벗기는 것은 실례이다. 집안에서나 바깥에서나 모자를 쓰는 것이 예의이다.

모자는 왜 그렇게 많을까? 갓을 쓸 때는 3단계를 거친다. 첫째, 말총으로 짠 망건으로 머리를 둘러 탄탄하게 싸매고 헝클어진 머리를 함께 모아 상투를 튼다. 이 위에 일종의 테라스 모양을 한 원뿔형의 모자를 놓는다. 그리고 그 위에 차양이 넓은 그럴듯한 모자를 쓴다. 형태가 똑같아 우리들에게는 다 비슷비슷하게 보였지만, 다양한 소재로 되어 있어서 가격이 2달러부터 50달러까지 이른다. 코리아의 남성은 나이와 상관없이 상투를 틀고 모자를 정당하게 쓰게 되기까지 성인으로 취급받지 못한다.

어떤 사람도 결혼을 하기 전까지는 상투를 틀거나 모자를 쓸 수 없다. 미혼 남자는 그가 100년을 살았어도 성인 남자로 여겨지지 않는

많은 머리와 모자들

조선 시대의 모자
맨위부터 순서대로 흑립, 정자관, 남바위, 갈모, 초립이다.
출처 : 서울역사박물관(www.museum.seoul.kr/), e뮤지엄(http://www.emuseum.go.kr/)

쉬고 있는 사람들(J.H. 모리스 촬영)

다. 그는 동료들에게 단지 순수한 소년총각으로 평가받는다. 그리고
머리를 밀거나 등 아래로 땋아 내린 채 다녀야 한다. 이 소년의 머리
양식은 나약해 보이지는 않지만 여성의 이미지를 주는데, 서울의 외
국 방문객들은 이 때문에 오해하여 종종 서로 시시덕거리는 예쁘고
작은 말괄량이 소녀의 용감성에 대해 언급하곤 한다. 그러나 소년이
약혼하면(종종 10살 내지 12살가량의 어린 나이에도 일어나는데), 그
는 성인 남성의 것과 비슷한 모양의 대를 엮어 만든 모자초립를 착용
함으로써 확정된 결혼 약속이 없는 그의 친구와는 달리, 성인 남성이
된다.

전통적인 핑크색 옷을 입고 결혼 전의 모자를 쓴 채 우쭐대는 젊은 신랑은 군중 속에서 흔히 보이는 모습이다. 젊은 신랑은 어린이에게 주어지는 자유와 성인에게 주어지는 특권 양자를 모두 즐길 수 있다. 그 결과 그는 이후 어느 정도의 겸양과 위엄을 갖추게 된다. 그들의 어린 시절은 모자 아래로 숨어 버리고 장난기는 상투에 매여 버린다.

또 다른 모자의 형태는 보통 비 오는 날에 보이는 노란 기름종이로 만든 투명한 모자갈모이다. 이것은 단지 귀중한 모자를 비로부터 보호하기 위해 고안된 방수용 커버일 뿐이다. 이것은 부채처럼 접을 수 있어서 우리들이 보통 우산을 접는 것처럼 쉽게 집어넣을 수 있다.

아이들 머리와 성인 남자의 모자

주석

1 갓의 역사는 고대까지 소급된다. 고려 시대에 관모로 제정됨으로써 신분이나 관직을 나타내는 사회적 의의를 가지게 되었다. 조선 시대의 갓은 고려 말부터 패랭이, 초립의 단계를 거쳐 넓은 챙을 지닌 흑립으로 발전하였다. 초기에는 조정 출입 시에 관모로 착용하기도 하였으나 곧 조정에서는 사모를 쓰고 갓은 편복(사복)에 착용하게 되었다. 후기로 갈수록 챙이 넓어지고 높이가 높아졌다가 대원군 시절의 의관 개정을 즈음한 1900년 전후에 지름이 25cm로 확 줄었다.

2 갓의 유래에 대한 저자의 설명이나 자기로 된 모자를 쓰고 다녔다는 이야기는 출처가 불분명하다. 현재까지 전해지는 설화 가운데에도 남아 있지 않은 것으로 보아 당시의 잘못된 속설이거나 홈스 자신이 상상력을 발휘한 것일 가능성이 크다.

14

교통사고와 독립문

동대문

남대문은 도시에서 농촌으로 가거나 농촌에서 도시로 오는 많은 사람들이 만나는 번잡한 장소이자 서울의 랜드마크이다. 동양에서 대문은 숭배되어 왔다. 우리가 단지 서대문, 동대문, 남대문이라고 부르는 것이 코리안들에게는 '환한 온후함', '높은 예법', '고양된 인문학' 으로 알려져 있다.[1]

어느 날, 우리는 남대문 밖으로 촬영 작업을 나갔다. 촬영 작업을 위해 회사에서 빌린 임시 궤도차를 타고 속도를 내다가 전차 선로에 걸려 옴짝달싹 못하던 소달구지와 마주쳤다. 당장이라도 충돌할 것

남대문

간신히 피한 파국

군중들

같았지만 차 크랭크를 계속 움직여 간신히 처참하게 뒤집히는 꼴을 면하고 다행스런 결말을 맞이할 수 있었다. 황소는 안전한 곳으로 인도되었고 소달구지는 뒤로 물러서게 되었다.[2]

우리는 중단된 여행을 계속하여 교외와 시골길을 따라 넓고 잔잔한 한강 둑에 있는 예쁜 마을로 차를 몰아갔다. 강 마을은 아름다웠다. 멀리서 보는 경치는 '고요한 아침의 나라' 또는 '신선한 아침의 나라'를 의미하는 코리아의 옛 이름 '조선'을 연상하게 하는 신선함

한강변

한강 다리

과 고요함을 나타내고 있었다. 코리아는 세상에서 가장 완벽한 기후를 가지고 있는데, 평화가 언덕과 계곡을 덮고 고요가 물 위에 쉬는 온화한 나라에 적합한 기후이다.

언젠가 이 이상한 나라에 여행자들에게 가장 중요한 자원, 즉 풍부한 시간을 갖고 다시 오고 싶다. 그리고 다른 외부 세계에 잘 알려지지 않은 과거의 코리아로, 거의 알려지지 않은 내륙 지방으로 넓은 강을 유람하면서 느긋하게 시간을 보내고 싶다.

그러나 지금은 몇 마일의 서울 안팎을 여행하는 아주 짧은 일정으로도 많은 것을 얻어 가게 되었으니 만족할 만하다. 서대문에서 멀지 않은 곳에서 중국으로 가는 길, 서울부터 베이징까지의 몇 주가 소요되는 여정이 이곳에서 시작된다는 것을 알리는 두 개의 건축물이 눈에 띈다. 꾸밈없는 두 개의 기둥은 베이징의 군주에 대한 신하와 봉신으로서 중국 황제의 사신들을 영접하고 그들에게 충성을 바치던 아치문의 유일한 잔존물이다.[3] 다른 새 아치문에 새겨진 문자는 '홀로서다獨立'라는 뜻으로 즉 '코리아가 독립 국가'라는 것을 의미한다.

이 베이징으로 가는 언덕 길에서 새 궁궐에 사용될 큰 돌을 실은 달

독립문

베이징으로 가는 길

구지가 삐꺼덕거리며 내려왔다. 이 불쌍한 황소는 급격한 경사에서 속도가 나는 것을 제어하는 조잡한 장치와 운전자의 도움을 받아 압도적인 무게를 견디었다.

그러나 앞의 남자와 황소가 함께 노력했다고는 해도 뒤에 있던 다른 남자와 황소가 도와주지 않았더라면 큰 사고를 피할 수 없었을 것이다. 두 번째 황소는 달구지 뒤에 거꾸로 마구를 차고 밧줄을 팽팽하게 유지하면서 내려왔다. 밧줄이 느슨해지면 사람들은 소의 코에 고리로 연결된 선을 팽팽하게 했다. 그러면 소는 코를 보호하기 위해 내려가는 달구지에 브레이크처럼 행동했다.

멋진 브레이크

1 서대문, 동대문, 남대문, 즉 돈의문(敦義門), 흥인문(興仁門), 숭례문(崇禮門)으로 명명한 것을 저자가 번역한 것인데, 동대문과 남대문을 혼동하여 진술하고 있다.

2 이 사건이 우리나라 최초의 대물 교통사고로 알려져 있다. 그러나 사진과 원문을 보았을 때 우리가 생각하는 자동차 사고는 아니고 홈스 일행이 몰던 임시 궤도차와 소달구지가 선로에서 충돌할 뻔했던 것으로 여겨진다.

3 홈스가 본 두 개의 기둥은 영은문의 기둥을 세웠던 장초석(長礎石)이다. 영은문은 중국 명나라 사신을 맞이하는 모화관(慕華館) 앞에 세웠던 문이다. 현재 독립문이 있는 곳의 바로 앞에 있었다. 새 임금이 즉위하여 중국 사신이 조칙을 가지고 오면 임금이 친히 모화관까지 나오는 것이 상례였다. 청일 전쟁 후인 1896년 모화관은 사대 사상의 상징물이라 하여 독립관(獨立館)이라 이름을 고쳤으며, 영은문은 헐어 버리고 독립문을 세웠다.

15

왕족 이재순

이재순 대감
황제의 미움을 받아 아편(사약)을 마시고 자결하였다[2]

우리는 시골에서도 하얀 옷을 입은 코리아의 양반을 만났다. 그는 약간 거만한 태도로 마치 세상이 자기 것이고, 자신의 소유물을 관찰하기 위해 외출 나온 것처럼 거닐었다. 양반들은 샘물 근처에서 한가하게 명상하며 동료들과 오랜 시간을 보내는 것을 좋아한다.

코리안들은 자연을 정말 즐기고 샘물을 만병통치약이라고 절대적으로 믿는다. 그들은 모든 물을 순수하다고 여긴다. 일반적인 코리안들은 물 자체가 더러워질 수 있다는 것을 이해하지 못한다. 코리안들은 소풍 가듯 자주 가는 장소에 가족묘를 만든다. 부자와 귀족들은 조상들의 묘지 근처에 우아한 작은 집을 지어 여름날 편안하게 지낼 수 있고 친구들을 대접할 수 있는 전원 별장으로 쓴다.

우리가 어떤 귀족 집안의 묘역[1]에서 망설이고 있을 때, 한 하인이 다가와서 이름과 국가, 머무는 곳을 묻고서는 '뚱보 대감'으로 더 알려진 황제의 사촌 이재순李載純[3]이 근처의 별장에 와 있는데 외국 신사들을 영접하기를 즐긴다고 우리들에게 알렸다. 풍채 좋은 이 왕자는 낯선 옷과 환상적인 망건을 썼음에도 불구하고 현대의 사교가와 같은 매너를 갖고서 대문에서 우리를 영접하고 우아한 샘물로 인도했다. 그리고 그는 아프다고 느낄 때마다 도시로부터 물러나서 조모의 묘 근처에서 명상에 잠기고 물 마시기를 하면서 일주일을 보낸다고 말하면서, 우리들에게 생명을 주는 물을 마시라고 권했다.

그리고 그는 우리를 아담하고 정돈된 작은 여름 별장으로 초대했다. 방들은 단순하고 꾸밈없다는 점에서 일본의 것과 그다지 다르지 않아 보였다. 마루에는 짚을 엮어 만든 자리가 깔려 있고, 그 아래에는 한지가 두껍게 발려 있었다. 창에는 반투명의 미닫이 칸막이문이

조상 묘

달려 있었다. 내부를 어둡게 하기 위해 불투명한 종이를 바른 다른
칸막이는 천장의 고리에 걸려 있었는데, 작은 방이나 벽장을 임의로
만들기 위해 위에서 뜻대로 내릴 수 있었다. 이 환상적인 집은 아이
들이 숨바꼭질을 하기 좋은, 매력적인 장난감으로 보였다. 왕자는 미
지근한 현미차와 몇 잔의 따뜻한 맥주⁴로 우리를 융숭하게 대접하였
다. 정말 신기하게도, 그들의 가장 가까운 나라인 일본과 중국이 세
계에서 차를 가장 많이 생산하는 나라임에도 불구하고 코리안에게는

위엄 있는 주인

종이의 집에서

차가 거의 알려지지 않았다.[5]

　우리는 그가 결코 본 적이 없는, 활동사진을 보여 주는 조그만 휴대용 영상 기계로 그를 기쁘게 해 주었다. 그는 우리들에게 그 영상 기계를 황제에게 보여 줄 수 있도록 빌려 달라고 계속해서 간청하였다. 우리는 기꺼이 응했고 그에게 영상 기계의 작동 방법을 알려 준 뒤, 교외의 마을과 햇빛에 달궈진 시골길을 따라 다시 도보 여행을 시작하였다.

한옥 실내

1 이재순의 양조부모인 전계대원군(全溪大院君, 1785~1841년)과 완양부대부인 최씨(完陽府大夫人 崔氏)의 묘역은 현재의 포천시 선단동에 있다.

2 사진은 이재순이 맞지만 그 설명에 나온, 고종의 명에 의해 사약을 받아 죽은 종친은 이재순이 아니라 왕의 사촌인 이재선(李載先)이다. 그는 1880년 흥선 대원군의 재기를 꿈꾸던 안기영(安驥永)과 권정호(權鼎鎬) 등에 의해 왕으로 추대되었으나, 역모가 사전에 발각되어 귀양을 갔다가 이듬해인 1881년 유림 의 상소가 빗발치자 사약을 받았다. 그러므로 이재선이 1901년 즈음해서 서 울을 방문했던 버튼 홈스가 만난 종친일 수는 없다. 실제로 버튼 홈스가 만난 사진의 인물은 철종의 조카이자 고종의 팔촌에 해당하였던 이재순으로 추정 되는데, 가끔 이재순의 영문 표기를 Ye Chai Sun으로 하기도 했으므로 외국에 서는 이재선과 혼동하여 이재순이 1904년 사약을 받아 사망한 것으로 전해지 기도 하였다.

3 이재순은 종친인 이휘응(李徽應)의 아들이나 철종의 이복형 영평군 이경응(永 平君 李景應)의 양자로 입적하였다. 1895년 고종을 친일 정권으로부터 보호 하자는 명목으로 궁궐에서 데리고 나오려다가 적발된 춘생문사건(春生門事件) 에 휘말려 체포된 뒤, 종친인 까닭에 3년간의 향리방축(鄕里放逐)에 처해졌으 나 이듬해 사면받아 궁내부 대신이 되었다. 이후 대한제국 관료로서 활동하며 외국 관료들에게 '뚱보 대감(Fat prince)'이라고 불렸다. 1904년 사망하였으 며 이에 고종이 조령을 내려 안타까움을 표했다.

4 한국의 경우, 1871년(고종 8년) 청나라 주재 미국 공사 로우가 러시아 함대 사령관 로저스와 함께 군함 5척을 거느리고 와서 통상을 요구할 때 이 군함 을 방문한 우리나라 사람이 빈 맥주병을 한아름 안고 찍은 사진이 남아 있 다. 이후 일부 사람들에게 맥주가 알려졌을 것으로 생각되긴 하지만, 버튼 홈 스가 대접받은 것이 바로 그 맥주인지는 확실치 않으며 집안에서 담근 약주 일 가능성이 높다고 생각된다.

5 저자가 차 대접을 받지 못한 것이 아닐까? 문헌에서 차는 이미 신라 선덕 여

왕 때 등장하며, 고려 때에는 승려들을 중심으로 차 문화가 대단히 성행하였다. 조선 시대에는 불교의 쇠퇴로 고려 때만큼 차가 유행하지는 않았으나 왕실에서는 차례(茶禮)가 행해졌고, 사원을 중심으로 다도의 전통이 이어졌다. 19세기에 들어서 문인들 사이에서 다시 차가 성행하여 다도에 관한 저술들이 늘어났으며, 개항 후에는 고종의 명에 의해 차나무 모종 6,000종이 중국에서 수입되기도 하고 고관들 사이에서 다화회가 성행하기도 하였다.

16

서울 근교 여행과 불교

하얀 부처

코리아를 광범위하게 여행해 본 사람은 마을이나 풍경이 다양하지 못하다고 말한다. 서울 근교에 있는 마을들이 긴 여행을 통해 볼 수 있는 전부나 마찬가지라고 말이다. 그러나 그렇게 평가하는 이들도 성 밖의 산기슭에 있는 불교 사원절이나 암자은 순례할 가치가 있다는 데 동의한다. 이것이 사실이라는 것은 수도 주변에서 가장 기이한 광경인 '하얀 부처'의 유령 같은 외형 앞에 멈추었을 때 확신할 수 있었다.[1] 근처 암자의 승려가 소년의 요청에 따라서 불상에 공물을 바치

근교 마을

불교 사원

고 있었다. 소년은 승려에게 소원을 빌고 기도해 주는 대가로 돈을
지불한 사람이 보낸 사환이었다.

그러나 불교는 코리아에서 금지되어 있다. 1894년 이전 300여 년
동안 어떠한 불교 승려도 담으로 에워싼 도시로 들어오는 것을 허락
받지 못했다. 그러므로 오늘날 도시는 사원절을 통해 위엄을 갖추고
있지 않다. 열정적이지만 비예술적인 선교사에 의해 지어진, 우뚝 솟
은 꼴불견의 외국 교회를 제외하고는 어떠한 종교적인 건물도 위용
을 자랑하지 못한다.

승려에 대한 박해는 간접적으로는 일본의 간계 때문이었다. 1592
년 침략 때 일본 병사들은 불교 승려로 위장하여 전략적으로 많은 도
시를 점령하고 약탈하였다. 그러므로 이러한 일이 다시 발생하지 않

도록 승려는 금기시되었고, 일본이 1894년 정복자로서 다시 등장하여 변화와 개혁을 요구하며 승려의 도성 출입을 금하는 원칙을 폐지할 때까지[2] 버림받았다.

그러나 대체로 코리아는 종교가 없다고 여겨진다. 상류층은 불교를 경시하고 있다. 기독교는 허용되고 있으며 (사람들은 기독교에 대해) 호기심을 갖고 있다. 좋은 출발이다. 그러나 이는 단지 시작일 뿐이다. 그리고 유교는 유교 경전과 중국 고전에 근거하여 오랜 동안 시행된 과거 제도를 일본이 폐지한 이래로 영향력을 잃고 있다.

고전 공부하기

1 여기서 '하얀 부처'는 현재 서울 서대문구 홍은동 옥천암 경내의 거대한 암석에 새겨진 높이 5m의 마애불을 말하는 것이다. 고려 시대에 만들어진 것으로 암석 주위로 보도각(普渡閣)을 세워 보존하였다. 조선 말기에 고종의 어머니가 아들을 위하여 복을 비는 치성을 드렸는데 이때부터 호분을 바르기 시작하였다고 한다.

2 조선의 억불 정책은 홈스의 서술과 달리 건국 초부터 시행되었으며 승려의 도성 출입은 세종 때부터 금해졌고, 도성 내의 사원은 연산군 때 원각사가 철폐되면서 없어졌다. 승려의 도성 출입이 다시 허용되고 불교에 대한 억압책이 완화된 것은 명성 황후 시해 사건 이후 일본의 강압하에 집권한 김홍집 내각이 을미개혁(1894~1896년)을 단행하였을 때였다.

17

왕비의 새 묘역

묘지 입구

만일 코리아가 신이나 성직자에 대한 믿음을 갖고 있지 않다면, 영혼이 귀신의 위협에 얽매이게 되고 무당이라고 불리는 마법사의 명령과 강요에 맹목적으로 복종하게 될 것이다. 수많은 귀신들이 구름 속에 떠다니고 나무와 숲에 살고 있으며, 심지어 집의 서까래 속에도 머무르고 있는데, 무당들은 이들을 쫓아내거나 화나게 할 수 있는 힘을 가졌다고 주장한다. 심지어 사후에도 무당들은 심술궂게 영향력을 행사한다. 묘 위치를 선정(보통은 언덕에 위치하지만 드물게는 작은 숲 속에 위치하기도 한다)할 때에는 그 지역의 지배적인 귀신이 바라는 바를 고려해야 한다. 코리아 민족의 힘은 미신에 의해 점차 약해져 왔다.

황제 자신이 미신의 최대 피해자이다. 국가는 지관의 예언과 추론의 효력에 대한 황제의 믿음 때문에 흙점의 기술풍수 사상에 터무니없는 공물을 지불하고 있다.

시해된 왕비의 연이은 매장은 미신과 과학의 모순된 영향력을 감소하게 만들었다. 도시 근처의 첫 매장지는 엄청난 비용으로 조성되었다.[1] 왕비의 작은 손가락—불쌍한 여인이 타고 남은 모든 것—은 울타리로 둘러싸인 신성한 장소에 매우 화려하게 옮겨져 언덕능에 전통적인 의식과 함께 묻혔다. 그 위에는 비전통적인 현대적 물결 모양의 철제 차양이 세워졌다. 7만 달러가 작업과 의식에 사용되었으나 헛된 일이었다. 무당은 왕비의 손가락을 다른 상스러운 자리명당로 이장하지 않으면 시해된 왕비의 영혼이 평안할 수 없다고 선언하였다. 절과 사당, 전통적인 동물 신상12지 신상들은 귀신이 접근하는 것을 막기 위해 부질없이 능 주위를 둘러싸고 외벽을 향하여 늘어서 있다.

경호 전사들(장군석)

미국이 건설한 고속 도로

황제 행렬(J.H. 모리스 촬영)

전통적인 무인과 문인의 석상들도 평화를 방해하는 영령들을 근절하려고 헛되이 무덤 앞을 지키고 서 있다.

무당과 풍수사가 불길하다고 한 장소에서 더 좋고 행복하다고 여겨지는 장소로 손가락이 이장될 때까지는, 불쌍한 왕비의 영혼은 결코 휴식을 취할 수 없었다. 그러므로 황제는 현명한 지관에게 그 장소를 찾도록 명령했다.

여러 달 동안 풍수사들은 장소와 환경을 연구하였다. 그들은 마침내 모든 필수적인 조건을 갖추었다고 여겨지는 한 장소를 찾아내었다. 그러나 일꾼들이 땅을 파다가 커다란 바위에 삽을 부딪쳤다. 그것은 황실 풍수사가 큰 실수를 하였다는 것을 말해 주는 생생한 증거

왕비의 능

12지신상

였다. 왜냐하면 왕비의 영혼은 바위투성이 침대 위에서는 결코 휴식
을 취할 수 없었기 때문이었다. 한 풍수사는 기술의 부족을 인정하고
죽음을 당했다. 그의 동료들은 와들와들 떨면서 명당을 새로이 찾아
야 했다.

　우리들은 그들을 따라 왕비의 묘를 위한 새로운 장소를 찾아가 보
았다. 코리아에서 가장 놀라운 것 중의 하나는 서울로부터 새로운 묘
지까지 약 17마일약 30km가량의 큰 길이 만들어졌다는 것이다. 이것
은 거의 길이 만들어져 있지 않은 이 나라에서는 무척 독특하고 훌륭
한 것이었다. 이 나라에 낯선 사람이라면 왜 이것을 만들었을까에 대

구 도로

길을 묻기

새 묘역

해 물을 것이다. 이는 왕비의 유해가 40피트약 12m 너비로 늘어선 큰 행렬에 의해 새 묘지로 호송되어야 했기 때문이었다. 17마일28km에 이르는 이 긴 길은 단지 1901년 시행될 예정이었던 어가 행차만을 위해 만들어졌으나 이 행차는 여러 번 연기되었다.

코리아의 관습과 미신은 미국인과 미국 기업의 실적에 이익이 되었다. 왜냐하면 이 길을 건설하게 된 것이 새 상수도와 전선줄을 가설하고 있는 미국 기업[2]이기 때문이었다. 계약에서는 40보 너비의 도로를 요구했으나, 회사는 도로의 폭을 50보로 만들고 남은 10보의 폭에는 도로를 따라서 새 묘지로 참배객들을 운반하는 전차가 다닐 수 있게 만들었다. 그러나 이 장례 길을 유지하기 위해서는 어떠한 규정도 만들어지지 않았다.

이 길 또한 시간이 가면 우리가 여행 중에 이용했던 오래된 자연 도로처럼 통행하기 어렵게 되고 점차 사라질 것이다. 시해당한 왕비의 작은 손가락을 위한 마지막 안식처로서 결정된 장소 옆에, 우리는 천여 명의 일꾼들이 높은 지위와 가장 신성한 목적을 위한 장소에 꼭 어울리는 다양한 건축물과 조경을 만들고 있는 것을 보았다. 여기서 작업 중인 많은 일꾼의 노력으로 황무지에 한 도시가 갑자기 만들어지고 있었다. 배후를 보호하는 웅장한 산맥과, 바람이 불 때 음악을 제공하는 소나무 숲에다, 사악한 영혼이 발각되지 않고서는 통과할 수 없는 넓은 평지까지 갖추어, 풍수지리를 잘 모르는 우리 눈에도 그 장소는 확실히 상서롭고 안락한 언덕에 자리 잡은 듯이 보였다.

무당들이 종교적으로 그들의 예언과 경고에 주의를 기울이는 황제에게 거짓 지혜를 속삭이며 미신적인 공포로 몰아넣고서는 또 다른

능에 이르는 행렬(J.H. 모리스 촬영)

실수를 하여 대한제국의 국고가 거덜 나게 되기 전에, 왕비의 영혼이 편안한 안식처를 찾기를 바란다.

이 사람들은 언제 깨어나서 소심한 관습과 전통에 의해 조장된 수많은 거짓을 이 땅에서 추방할 수 있을까? 코리아뿐만 아니라 우리나라에서도 마찬가지이다. 다른 사람의 어리석음을 관찰함으로써 우리 자신의 미신을 타파할 수 있게 될까? 우리는 이 미개한 사람들의 고지식함을 비웃지만 아직도 많은 사람들이 이성을 좀먹는 미신 때문에 13번 테이블에 앉지 않으려 한다. 금요일에 어떤 일을 하는 것을 주저하며 새 달이 왼쪽 어깨 위로 우리를 바라보고 있으면 몹시 불안해한다.

도열하여 행진하는 병사들
출처: "UN PAYS CONVOITÉ: LA CORÉE", *L'ILLUSTRATION*(29 MARS 1902)

주석

1   명성 황후는 시해된 후 '왕후'에서 폐위되어 서인으로 되었다가 같은 해 음력 10월 10일(양력 11월 26일) 복위되었고 능호를 숙릉(肅陵)으로 하여 숭릉(崇陵) 우강(현재의 동구릉 경역 내)에 조성 공사를 시작하였다. 그리고 1897년, 대한제국이 수립된 직후 명성(明成)이라는 시호가 내려지고 황후로 추존되었으며, 같은 해 11월 장례식을 국장으로서 다시 치르고 양주 천장산 아래(현재의 동대문구 청량리동)에 장사지내어 홍릉(洪陵)이라 하였다. 이후 1919년 고종이 승하하자 명성 황후의 묘 또한 현재의 묘소가 있는 경기도 남양주시 금곡동에 이장하여 황제의 예로서 합장하였다. 버튼 홈스가 가 보았다는 새로운 능은 청량리동의 홍릉일 것이다.

2   실제로 서대문–홍릉 간 전차는 고종을 위시한 황실 권력층이 산업 진흥 정책의 일환으로 근대화 노선을 추구하면서 설립한 한성전기회사에서 미국인 콜브란(Collbran)·보스트위크(Bostwick)와 도급 계약을 맺어 건설한 것이다. 서대문~홍릉 간 전차 노선은 1898년 12월 완공되었고 이듬해 4월에 개통하였다. 같은 해에 이 노선은 종로를 거쳐 남대문까지 연장되었으며 1900년에는 구용산(지금의 원효로 4가)까지 연장되었다.

18

궁궐 방문과 코리아의
무용수

사대(射臺)

활쏘기 시합을 하는 사람들

서울에 있는 코리아 황제의 넓은 궁궐 터[1]는 섬뜩한 기운이나 미신
에 근거를 둔 이유 때문에 버려졌다. 그러나 한 궁궐의 정원[2]은 양반
들을 위한 공공 놀이터가 되었다. 그곳에서는 신병들이 종종 훈련을
받고, 한편으로는 서울 양반들이 운동 경기와 유희, 주로 활쏘기를
즐긴다.

두 자식(장남과 막내)과 함께 있는 당시의 황제(고종)(J.H. 모리스 촬영)

사대射臺는 훌륭하다. 활쏘기를 위한 테라스, 완만한 계단 모양의 언덕에 있는 타깃, 그 위에 깃 달린 화살의 높은 커브 아래 통행인들이 안전하게 걸어다닐 수 있도록 넓게 형성한 낮은 지대. 코리아의 양반들은 보이지 않는 별을 쏘려고 작정한 듯이 높이 겨냥한다. 그들은 목표를 정확하게 맞춘다. 거의 모든 화살은 하늘을 쪼갤 듯이 하강해서는 표적을 맞추거나 나빠도 그 근처에 떨어진다. 우리는 이 중세풍의 고상한 운동 경기에 참가하고 있는 서울 양반을 지켜보면서 흥미로운 시간을 보냈다.

위엄은 코리아의 특성이다. 그러나 그 위엄은 높은 사람의 경우 개화에 따른 어색한 복장을 착용함으로써 변용된다. 당당한 태도는 오

새 궁궐의 문(대안문)[5]

늘날의 코트나 바지에 어울리지 않는다. 새 궁궐³에 대해 말하자면
황제가 현재 머물고 있는 곳으로, 그는 일 년에 한두 차례만 궁 밖으
로 나왔다. 우리는 작은 활동사진기 덕분에 궁내 출입을 할 수 있었
다. 앞에서 이미 말했듯이, 이것은 '뚱보 대감' 이재순이 황제에게 보
여 준 것이었다.⁴ 궁궐에 빌려 주고 나서 이틀 뒤 황제의 사자가 밤늦

두 무용수

Un concert, en Corée   A concert, Corea

코리아의 무용 공연
출처 : "Un concert. en Corée", 프랑스의 엽서.

기생과 시종들

게 횃불과 초롱을 들고 길을 찾아와서 여러 가지 선물과 함께 요술 상자를 돌려주었다. 그 상자 속에는 황제의 막내 왕자가 그 장난감에 빠져서 가지고 오려고만 하면 우는 바람에 토실토실한 손에 꽉 쥔 채 잠이 들 때까지 기다리다 보니 늦게 돌려주게 되었다는 설명과 함께 20야드약 20m의 값비싼 초록 비단과 6개의 부채가 들어 있었다.

다음 날, 황실 무용수를 보러 궁궐로 오라고 뚱보 대감이 초대하였는데 그는 추신에서 그 사진 기계를 가져와 달라고 요청하였다. 박 씨는 경계하는 목소리로 "만일 당신이 한 번 더 그것을 궁궐로 가져간다면, 잃어버린 셈 치셔야 할 겁니다."라고 말했다. 그래서 우리는 어린 왕자가 우는 것을 멈추게 하기 위해 탐내는 상자를 기꺼이 선물로 내줄 준비를 했다.

그 대가로 우리는 20야드 이상의 값비싼 비단과 다른 은 선물을 받았고, 우리가 무엇보다도 높이 평가하는 황실 무용단의 일부분을 엿볼 수 있었다. 코리아의 무용수는 기생이라 불리는데 그들 대부분이 궁궐에 고용되어 있다는 점을 제외하고는 일본의 게이샤와 같은 위치를 차지하고 있었다. 이들은 황제 앞에 일정하게 춤출 준비가 되어 있는 80명이 넘는 일단의 무용가로 구성되어 있다. 평소 길을 다닐때에는 여자 몸종의 시중을 받으며 우아한 가마를 타고 다닌다. 그들은 온화하고 특색이 없는 모습인데 때로 예쁘게 보인다. 평온한 얼굴로 보일 때까지 화장하고 분칠하며 항상 단정하게 옷을 입는다.

그들의 예술에 대해서 말하자면, 낯선 사람들에게는 그 매력이 명백하지 않다. 자세는 단조롭고 뻣뻣하며, 조용한 표정으로 장구의 '딱' 하는 지루한 소리에 따라 자동으로 춤을 춘다. 이것이 코리아의 궁궐에서는 가장 즐거운 일로 여겨진다. 황제는 매일 80명이 자동 회전하는 궁중 무용을 보면서 시간을 보낸다. 이것을 함께 보게 되어 무척 기뻤다. 마술 사진활동 사진 덕택에 궁궐로 들어갈 수 있었지만, 만일 그렇지 않았더라면 일반인들에게 거의 알려지지 않은 궁중 무용수의 춤을 볼 기회가 없어 크게 실망했을 것이다. 그러나 황제를 매혹했던 마술 사진이 황제로부터 아기 왕자에게로 건네져도, 무감각한 무용수들은 이 기계를 이해하지 못할 눈으로 바라볼 뿐 아무런 흥미도 보이지 않았다.

주석

1 경복궁을 말한다. 경복궁은 태조 때 지어져서 조선 전기 내내 정궁으로 사용되다가 임진왜란 때 소실된 후 정궁을 창덕궁으로 정하면서 방치되었다. 고종 때에 흥선 대원군의 강력한 의지로 경복궁은 이전의 궁궐을 훨씬 능가하는 규모로 다시 지어졌다. 그러나 을미사변과 아관파천 이후 고종은 경복궁으로 다시 돌아가지 않았다.

2 경희궁을 말하는 듯하다. 1898년 고종의 명으로 경희궁의 회상전(會祥殿) 북쪽 궁장(宮墻) 가까이에 사정(射亭)인 황학정(黃鶴亭)이 지어져서 버튼 홈스가 기록한 바와 같이 궁술 행사가 종종 열렸다. 황학정은 일제가 1922년 경희궁을 허물고 경성중학교를 지으면서 사직단 뒤편, 현재의 사직공원 원내로 옮겨졌다.

3 경운궁을 말한다. 조선 전기 성종의 형인 월산 대군(月山大君)의 집이 있었던 곳으로, 선조가 임진왜란 뒤 서울로 돌아와서 이 집을 임시 거처로 사용하면서 궁으로 이용하게 되었다. 그러나 본격적으로 궁궐로서 정비되고 사용된 것은 고종이 아관파천 이후 경복궁이 아닌 경운궁으로 환궁하면서부터였다. 이때 경운궁은 정궁으로 정해졌으며 선원전(璿源殿)·함녕전(咸寧殿)·보문각(普文閣)·사성당(思成堂) 등이 축조되었고, 이후에도 1900년대까지 계속해서 궁궐로서의 위엄을 갖추기 위한 공사가 이어졌다. 그러나 1907년 고종이 양위하면서 순종은 다시 창덕궁으로 거처를 옮겼고, 경운궁은 태상황이 된 고종의 거처로 쓰이게 되면서 덕수궁(德壽宮)이라 불리게 되었다. 일제 강점기를 거치면서 석조 건물이 들어서거나 궁궐이 축소, 철거되는 등 궁의 본래 모습을 상당 부분 잃었다.

4 이 일화를 조희문[동양학 제45집(2009년 2월), 단국대학교 동양학연구소, pp.255~272]은 우리나라에서 최초로 영화를 상영한 것이라고 말하고 있다. 그런데 영화라기보다는 기록물 형식의 활동사진이 아닌가 한다.

5 경운궁은 고종의 환궁 이후 1896년까지만 해도 정남향의 인화문을 정문으로 사용하였다. 그러나 궁궐과 도시의 정비 과정에서 동쪽 대안문(大安門) 앞에

서 대로가 방사형으로 뻗어나가게 되면서 인화문의 효용이 쇠퇴하고 대안문이 실질적으로 정문으로서 사용되게 되었다. 1901년을 즈음해서 서울을 방문한 버튼 홈스 또한 그러한 이유에서 대안문을 정문으로 인식하게 되었을 것이다. 한편 1904년 궁궐 대부분이 불타자 중건하면서 대안문의 이름을 지금의 대한문(大漢門)으로 고치고 정식으로 정문으로 삼았다. 그러나 현재의 위치는 이후 도로 확장으로 인해 본래의 위치에서 15m가량 후퇴한 것이다.

19

'은둔의 왕국'의 미래

병사들
출처 : Par M. Charles Varat, "VOYAGE EN COREE", *LE TOUR DU MONDE*(1889)

우리는 황제의 출현에 갑자기 소환된 무용단들에게 작별을 고하고 길 건너 새롭게 문을 연 프랑스 호텔[1]에서 휴식을 가졌다. 외부 세계로부터 오랫동안 격리되었던 이 고도古都에서 동양과 서양이 혼합된 모습은 정말 눈에 띄며 호기심이 간다. 그러나 현대 세계가 진보라고 부르는 것과 마침내 접촉하였기 때문에, 고도 서울의 급격한 변화는 지금 불가피한 상황이다. 궁궐 문을 지키고 있는 병사는 바지와 코트의 정복을 입고 말총머리 리본과 전통적인 상투 위에 유럽식 모자를 쓰고 있다.

군대는 이미 6번이나 변형되었다. 왜냐하면 왕의 호의를 얻어 낸 외국 훈련 교관들이 돌아가면서 군대를 장난감처럼 다루었기 때문이었다. 미국, 일본 그리고 러시아가 오랜 기간 이러한 일을 맡았다. 오늘날, 코리아의 관료들은 여러 경쟁 국가의 통제를 받고 있다. 4가지 요소가 지금 은둔의 왕국의 미래를 형성하면서 이 도시에 무척 흥미로운 작용을 하고 있다.

그 중 하나는 미국 기업이다. 서울에서 전차, 전기 그리고 상수도의 현대적 시스템을 건설하고 있는 합작 기업한성전기회사의 활동을 예로 들 수 있다.

다른 하나는 선교사들이다. 그들은 코리안의 마음에서 귀신 신앙 demonology의 올가미를 걷어 내려고 노력하고 있다. 이 귀신 신앙은 편견과 관습에 의해 널리 퍼진 연결망을 가지고 참신앙의 도입을 막고 있다.

셋째는 일본의 상업적이며 반정치적인 침략이다. 일본은 항구에 사람을 살게 하고 선박 거래를 통제하며 서울 자체에만 일본인 5,000

경이로운 도시 성벽

명이 살 거류지를 건설하고 있다. 일본 정치인들은 코리아가 대일본
의 증가하는 인구를 수용하고 식량을 공급하게 해야 한다는 사실을
알고 있다. 왜냐하면 코리아는 인구 밀도가 희박하여 많아야 1200만
이 살고 있으며, 경작하면 더 많은 인구를 부양할 수 있기 때문이다.

넷째 요소는 러시아의 조용한 '기다리는 외교'이다. 러시아 정치인
들은 길고 편리하게 위치한 한반도가 동양의 항로에 중개지를 제공
하여 모스크바의 아시아 제국을 토실토실 살찌울 것이라고 보고 탐
내 왔다.

이러한 요소들 외에도 마지막 아니 가장 약한 것으로 보이는 요소

가 있다. 그것은 제한된 궁궐의 담 내에 틀어박혀 있는 코리아의 황실이다. 코리아의 황실은 열린 자세로 미국의 충고를 간절히 바라고 있으면서도 동시에 미신에 사로잡혀 있다. 이미 세 번이나 있었던 일본의 침략에 대한 두려움, 불분명한 러시아의 계획이 황실에 남아 있다. 황제의 손발은 관습과 전통의 족쇄에 묶여 있는 것처럼 보인다.

무엇이 득세할까? 전기를 가진 미국? 종교적 가르침을 가진 교회? 군대와 상술을 가진 일본? 외교와 인내를 가진 러시아? 아니면 고요한 얼굴을 한 80명의 기생과 많은 풍수사를 가진 대한 제국의 황제?

세계는 코리아에 대한 지배를 둘러싸고 전개되고 있는 게임에서 추이를 지켜보고 있다. 그러나 세계는 일본과 러시아가 가장 교활하고 가장 무서운 경쟁자들이라는 것을 안다. 그리고 떠오르는 태양일장기, 즉 일본을 상징한다으로 향하는 모스크바의 행군이 저지된다면 그것은 태양이 떠오르는 나라, 즉 용감하고 능력 있고 예술적인 일본의 자손들에 의해 이루어지리라는 것 또한 알고 있다.[2]

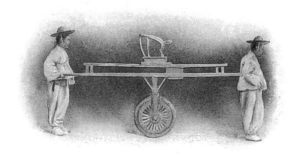

가톨릭 성당에서 본 전경

일본에 이르는 항로

1 여기서 홈스가 휴식하였다는 프랑스 호텔은 팔레 호텔(Hotel du Palais)을 말하는 듯하다. 팔레 호텔의 주인은 1904년 『대한매일신보』에 실린 광고에 따르면 L. 마르텡(L. Martin)으로 추측되는데 그 시절에 그는 흔히 마전(馬田)이라는 이름으로도 알려졌다. 이후 1905년 화재로 영업이 중지되었다가 1907년 또다른 프랑스인 보에르(J. Boher)가 인수하여 센트럴 호텔(Central Hotel)을 개업하였으나 1912년 이후 일제에 의해 태평통 확장 공사가 시작되면서 철거되었던 것으로 여겨진다. (출처: "서울의 서양인 호텔", 구한말 외국인 공간 정동, http://jungdong.culture content.com)

2 이 부분은 1917년판에 의하면 "1910년 코리아의 운명은 결정되었다. 일본과 협약으로 독립 국가로서의 코리아는 수명을 다했고, 황제는 그의 타이틀과 모든 정치 권력을 잃었다. 코리아는 일본에 합병되었다. 그 미래가 더 많은 변화를 가져올지 어떨지는 예언할 수 없다."로 대체되어 있다.

버튼 홈스에 대하여

엘리어스 버튼 홈스Elias Burton Holmes: 1870~1958는 '여행기travelogue'라는 용어를 만들어 낸 미국의 여행가, 사진가 그리고 영화감독이다. 은행원인 아버지와 프랑스 와인 수입과 육류 가공업을 하는 할아버지의 손자로 시카고에서 태어났다. 여행에 대한 높은 관심은 9살 때, 그의 할머니가 19세기 후반의 당시 가장 유명한 여행가이자 강연가인 존 스토다드J. L. Stoddard의 강좌에 데려간 것이 계기가 되었다. 그는 열세 살에 카메라를 처음 구입하였으며, 곧 열정적인 카메라 애호가가 되어 암실을 만들고 시카고 카메라 클럽에 가입하였다. 그는 16세의 나이에 사립 학교를 중퇴하고 할머니와 함께 유럽 여행을 갔다. 거기서 상상만 해 왔던 낭만적이고 환상적인 것을 발견하여, 돌아와서는 소속해 있던 시카고 카메라 클럽에서 자신의 여행 슬라이드를 발표하였다.

1892년 홈스는 일본 여행을 하였는데, 거기서 존 스토다드를 만나 조수가 되었다. 일본에서 돌아오자마자인 1893년 공황이 시작되면서 아버지가 파산하여 카메라 세일즈맨을 시작하였으나 실패하였다. 1897년 스토다드가 은퇴하고 난 후, 여행 강연 분야에서 두각을 나타

데이나 헐(Dana Hull) 촬영(1907), 미 의회 도서관 소장본

내기 시작하였다. 홈스가 활동하기 전에도 여행기나 슬라이드 쇼 및 활동사진이 존재하였고, 여행 강연을 다니는 사람들이 있었다. 하지만 홈스는 다큐멘터리 여행 강좌에 이러한 요소들을 모두 넣은 최초의 사람이었다.

이 무렵 홈스는 활동사진에 흥미 있는 새로운 기술을 도입하여 직접 자신의 손으로 컬러 유리 슬라이드를 보완하기 시작했다. 해가 가면서, 활동사진은 점점 그의 강의에 중심 도구가 되었다. 그는 세계 여러 나라를 방문하였고, 외교관으로 위장하여 에티오피아의 하일레 셀라시에Haile Selassie 황제의 대관식에 참석하기도 하였다. 그는 광범위하게 여러 국가아프가니스탄 제외와 대륙을 여행하였다. 비행기가 아직 발명되지 않았던 시기에 여행을 시작하여 전 세계를 여섯 번, 그리고 대양을 수십 번 왕래하였다.

홈스는 스스로를 교사 또는 강사보다는 오히려 공연자로 생각했는데, 일주일에 6번씩 각각 다른 도시에서 상연을 하기도 하였다. 보통 여름에 여행을 하여 강의에 대한 자료를 모으고 영화를 만들었지만, 때로는 겨울에 여행을 가기도 하였다. 홈스는 뉴욕 카네기 홀, 보스턴의 심포니 홀, 시카고 오케스트라 홀 등에서 공연을 하였는데, 그때마다 항상 정장을 갖춰 입었다고 한다.

1914년 홈스는 여행 중에 만난 마가렛 올리버Margaret Oliver와 결혼했다. 홈스는 일흔이 넘은 나이에도 지칠 줄 모르고 여행과 강연을 계속하였다. 그는 제2차 세계 대전 이후 텔레비전이 마침내 여행기를 위한 가장 중요한 수단이 되자 은퇴하였다. 그는 1949년 무대에서 공식적으로 '은퇴' 하였지만, 건강 때문에 그가 그만둘 때까지, 즉 81세까지 공연을 계속했다. 이 시점까지 그는 8,000번 이상 강연하였다.

홈스는 다른 영역으로 사업을 확장하였다. 자신의 강연에 대한 영화를 만들기 시작하면서 여행 영화 제작 회사를 설립한 것이다. 그는 오래된 자료를 재활용하는 것으로 시작하여 1915년에서 1921년까지 매주 짧은 주제의 새로운 여행 영화를 만들어 냈다. 그가 시카고에 설립한 영화 제작 및 유통 회사는 여행 다큐멘터리, 산업용 필름, 미국 정부 홍보용제 2차 세계 대전 동안 영화를 만들어 번창하였다. 그의 작품 중 일부는 영화를 좋아하여 스스로 영사하여 보고자 하는 개인들에게 소매하는 방법을 택하였다. 버튼 홈스의 Travelogues여행기 회사(또는 버튼 홈스 주식회사와 버튼 홈스 인터내셔널이라고 알려짐)는 1980년대 중반까지 지속되었으며 그 공로로 할리우드 대로에 그의 이름이 새겨졌다.

한편 버튼 홈스의 슬라이드와 해설에 기초를 둔 강좌는 1901년 출판된 10권의 책으로 개편되었다. 다음 해에 분량을 추가하여 『버튼 홈스의 여행기The Burton Holmes Travelogues』라는 제목으로 다시 엮었다. 이 세트는 4만 부 이상이 판매되었다. 이 책들은 여전히 중고서점에서 판매되고 있으며 최근에 『100년 전The World 100 Years Ago』이라는 시리즈로 재간행되었다.

홈스와 그의 회사는 동양과 멕시코를 포함한 다양한 여행지에 대한 많은 분량의 사진을 제공하였다. 그의 이름으로 여행 책자와 환등

기용 슬라이드 필름으로 된 외국 안내서가 출간되었다. 홈스는 이 시리즈가 아닌 책을 딱 두 권 저술하였는데, 그중 하나인 『여행자의 러시아The Traveller's Russia』1934는 완전히 판매에 실패하여 남은 재고를 친구들에게 나누어주었다고 한다. 그의 마지막 책인 자서전 『세상은 나의 것The World Is Mine』은 1953년에 출판되었는데 기록 자체는 제1차 세계 대전 이후의 것으로 이루어져 있으나 밴드 너바나의 사진과 홈스가 시카고에 살던 시절의 사진 등 그의 전 생애에 걸친 사진들이 수록되어 있다.

버튼 홈스는 대중들을 위해 세계를 여행하고 거기서 본 것을 기록하였다. 홈스는 떠났지만, 홈스의 세계에 대한 비전은 그의 사진과 영화를 통해, 그리고 그가 대중화시킨 여행 강좌를 통해 여전히 살아 숨 쉬고 있다.

참고문헌

Burton Holmes and His Travelogues, http://www.burtonholmes.org/life/bio.html

Wikipedia, http://en.wikipedia.org/wiki/Burton_Holmes